石巻災害エキスプレス
誰でも災害ボランティア

NPO法人「チームみらい中津川市防災市民会議」代表　加藤 吉晴

風媒社

はじめに

石巻に、知人友人はいません。でした。

石巻に、行ったことはありません。でした。

石巻が、どこにあるかさえ知りません。でした。

でも、今は？

東日本大震災後、岐阜県中津川市から宮城県石巻市まで約750キロ、高速道で10時間ほどかけて災害ボランティアが行きます。その数現在までに延べ500人を超えています。もちろん行くのは中津川市の普通の市民。たった人口8万人の中津川市で、なぜそんなにボランティアが多くなったのでしょう？　人口ではゆうに28倍も勝る名古屋市に換算すると、1万4000人にもなります。また被災地に行かなくても、そのボランティアを支え、震災復興のため支援物資を提供してきた市民もたくさんいます。その数延べ5000人以上。今も続くその支援、続いているのはなぜでしょう？

そして何より、現地での災害救援や中津川での支援物資応援活動をきっかけに、継続的な防災安全ボランティアへと昇華していった一般市民がたくさんいました。本書は、まるで青年時代のようにきらきら輝く壮熟年ボランティアから、中高生ボランティア、親子ボランティアまでカバーするオール中津川市民による震災ボランティア――、その愛の記録でもあります。

中津川市の場合、市と市民ボランティアの先駆的関係がもともとありましたが、それがこのように展開したのは〈市民力〉によります。〈市民力〉の感性が遺憾なく発揮され、中津川市と石巻市の市民の間に、友情が自然に芽生えたのでした。

またこの本は、性別・年齢に関係なく、集まったごく普通の市民ボランティアの記録でもあります。災害ボランティアは、ガレキを片付けたり、家の内外の掃除をしたり、黙々と活動します。また、一日の仕事が終わればネグラに戻っていくし、そこでの活動が終われば次の場所へと移動していきます。被災者とじっくり話す時間もなく、名前も告げずに去っていくことが普通です。それなのに中津川チームの市民は、5年たってもなお石巻市民との友情を育んでいます。だんだんとそうなっていったワケがあるとしたら、それは何でしょうか？

そして市民と市民が育んだ友情は、東日本大震災から4年後、被災地の仮設団地の皆さんが中津川市を訪問するという、前代未聞の感謝旅行となりました。

また中津川市内の中学校では、平成25年度1校、平成26年度2校、この平成27年度は3校が被災地へ修学研修旅行に行き、被災した市民の皆さんと交流を継続しています。その点についても、継続活動こそ復興新生の力になる、どちらにとっても人間回復の希望の力になるのだと、今でははっきり確信しています。

被災地から遠く離れ、ほんとうにちっぽけなボランティア団体の震災以来の活動記録を振り返ると、「してあげる」災害ボランティアから、「共に成長しあう」トモダチボランティアへ、気がつかないまま自然に転回していく軌跡でもありました。実践の活動過程の中で身につけた災害安全にと

4

石巻震災エキスプレス

どまらず、生活安全、交通安全をまとめて「安全安心の危機管理活動」と位置づけ、これまで培ってきた貴重な経験と感性をお示しできればと思います。防災とポジティブに向き合う力、ポジティブに災害ボランティアする力に、本書が少しでも役立てば幸いです。

2012年に思わぬガンをいただき、手術のあと転移進行ガンと宣告されました。加えて私ごとですが、開始したものの、副作用の強さのため本業の歯科診療ができなくなり、結局3日で抗ガン剤治療を放棄しました。しかしボランティアは放棄せず続けています。そんな歩みの中でいつも思うのは、私の患者や震災被災者、そして大切な家族やあたたかな友人たちとともに、みんなでこの広い空を舞っている――。そんな気がいつもして、とてもありがたく、この先がどうあれ「ガンをなめず、ガンにめげず、ガンでも美しく」生きる。そんなこともこの震災ボランティアを通して、私は学ばせていただきました。命はあるなら、あるときに使ってこそ、ですね。

「己の欲望や感情、客観的主観、打算的正義、より以上の存在である神様仏様から、「よーし、それでよし」と言われて体も動く、そんな声が届いて上も向ける。そんな感じが当たり前の毎日となっています。もっと命に目覚めていこう。残りの人生を、そんな時間で満たしていければと、今はただただ淡々と毎日毎日を喜んで刻んでいます。

阪神大震災の揺れで起きる

そもそも、私自身が災害ボランティアという自覚もないまま活動を始めたのは、1995年1月17日の早朝に発生した阪神大震災からでした。当時は名古屋市民で、どうしても行きたいという妻

はじめに

ミカの希望もあって、2月と3月の2回、持てるだけの歯科診療器材を持って、二人で被災地神戸に向かいました。そのときの神戸市長田区の一面焼け野原となった情景から受けた大きなショック、長田区鷹取小学校避難所での人々の強い連帯は、今でも鮮やかに思い出され、決して忘れることはできません。

妻と二人の自主参加、全くの現地飛び込み個人ボランティアでした。避難所の中の救援チームに入れてもらったり、教会で泊めてもらったり、福祉施設でお手伝いしたり、どう動けばいいのかそれすらも分からないまま闇雲に動いていました。ただ目に映るものは、想像を絶するエネルギーで破壊された都市の風景でしたが、人の心までは破壊されていませんでした。生涯忘れることのない、災害ボランティアの原点となりました。それでも、1998年に中津川市に転居してからは子供の誕生が重なり、すっかり忘れていました、2004年10月23日の中越地震までは。

中越地震の揺れは中津川でも

地震直後、すぐに阪神大震災での災害ボランティア活動が蘇ってきました。新参市民でありながら生意気にも、中津川市と市民が協働で被災地支援をすることができないか、市役所に直談判しに行きました。その提案に対して、信じられないことですが、市の理解を得ることができました。市長の英断でした。市と市民一体型被災地支援の理想的先進モデルは、これが原点となりました。

6

石巻震災エキスプレス

中越地震の災害ボランティア活動後、市からの呼びかけがあったので出かけてみると、「市が事務局を担う災害ボランティア市民団体」を発足させたいという先進的提案でした。おそらく今でも全国に例がないと思われる、公設で市民自主運営の災害ボランティア団体の設立です。市のその勇気と決断に、一人の市民として誇りを持ったことは言うまでもありません。市と市民が一体となった救援物資募集活動や、職員と市民混成の災害ボランティア活動。さらには、市がボランティアを公募し市民が仕切る、物資も公募し市民が仕分ける民活方式などなど。この後さまざまな災害活動現場で一緒になる、他のボランティア団体からは、ホントか？ 信じられない！ 画期的だ、といつも最大限の賞賛をいただきました。

そのような経緯で、「中津川市災害救援市民会議」（事務局・中津川市防災安全課）は誕生（2004年12月）しました。その後、各地の災害現場の調査や活動を続け、あわせて市内で市民防災啓発にも力点を置くため、名称を現在の「中津川市防災市民会議」と変更しました。さらに、その後市から自立し、平成28年（2016年）1月26日法人化し、「NPO法人チームみらい　中津川市防災市民会議」となりました。

東日本大震災の海溝型独特の揺れ

家庭の災害時安全対策として、2010年度は、家具の転倒防止セミナーを市内各地域巡回方式で20回ほど実施しました。それが終わった時に、2011年3月11日を迎えます。この未曾有の歴史的大災害、その後映像で流れた大津波の被害を前に、直ちに動いた市との共同調査を経

て、「市民会議」は市とともに総力を挙げて被災地救援活動を展開することになります。

市民会議の活動の利点は官民協働型災害支援形式で、市と一体で実践活動できることをアドバンテージとして与えられていた点です。しかし、それに甘えることなく震災以降、頻繁に市と調整をはかりました。例えば、①災害救援と防災一体型の人づくり（防災害ボランティア）、②ボランティアと救援物資つまり人とモノ一体型の支援方式、また③震災からしばらくたってから活動と被災地学習をセットにして、親子参加方式による子どもの現地研修。そして、④市民持ち寄りの中津川生産農産物を被災地市民に直接手渡す運搬方式をつくり、のちに⑤花トモプロジェクト、⑥竹トモプロジェクト、⑦海トモプロジェクト、などのオリジナルアイデアを、自主的に市民活動方式でカタチにしてきました。

提案調整実践型支援

実践するためには不特定多数の市民や、地域業界団体とのコラボレーションは欠かせません。つまり、市民会議の特徴は、コラボレーションしながら活動するボランティア団体にあります。被災地被災者のニーズを受けて、中津川市内の企業や団体と積極的にコーディネートすることで、新たなコラボレーションを引き出してきたボランティア団体と言えます。

それが、これからの防災にも災害救援にも応用できる、現実的「防災害」ボランティアおよび団体のカタチかもしれません。そんな一つの方向を継続し、実証しつつある、この小さな地方都市の、この小さなボランティア団体の歩みの中に、なにか少しでも皆様の参考になるものがあれ

8

石巻震災エキスプレス

被災者の無念を胸に抱きしめて

現地に行き、現場に立った人間の責務として、「被災者を悼み、その無念を胸に抱きしめる」――。机上の空論でなく現実に役に立つ防災とは何だろう？ このことを真剣に考えつつ、被災者に寄り添う。そんな気持ちを育てる災害ボランティア活動でありたいものです。厳しく重いものをズシリと心に沈澱させ、だからこそポジティブな力と知恵を出していきたい！「YES！誰でも災害ボランティア」と肯定的な視点で、一人でもチームでも活動できる、そのきっかけに、本書が少しでもお役に立てればうれしいです。

支援者被災者を越えた人間交流から学び、あたたかな友情へと静かにゆっくりと包みこまれていく道のり。支援者も被災者も、災害をご縁に転じ、ポジティブパワー（PP）で生活し、そして人間復興、人間新生への歩みがはじまる。それは、私たち災害ボランティアに与えられた大きな課題であり、使命であった、と同時に恵みではなかったのかなと気付かされます。

――あるいは、「被災者の悲しみを背中に背負って」生きる――。

ばと思います。

2016年1月

NPO法人 チームみらい 中津川市防災市民会議 代表　加藤　吉晴
（ガン歯科防災士）

石巻震災エキスプレス　目次

はじめに 3

1　現場に立って、悼む人になれ 15

はじめはヘドロやガレキが相手 17

コラム◉2011年4月14日付「朝日新聞」・4月27日付「中日新聞」 25

小さな市町村だからできること──チーム「市の名前」でまとまれる 26

コラム◉2011年5月22日付「中日新聞」 35

地方の町だからできること 36

コラム◉2011年6月付「中日新聞」 41

拠点継続が信頼の基本 42

コラム◉2011年8月11日付「中日新聞」 45

防災教育　災害救援と防災は表裏一体 46

防災活動　災害救援と防災は表裏一体② 50

コラム◉2011年9月5日付「中日新聞」 54

災害救援と防災は表裏一体③ 55

地域防災訓練　災害救援と防災は表裏一体④ 56

コラム◉2012年4月11日付「朝日新聞」
コラム◉落合小学校 防災いのちの授業 63

鎮魂。無念を生きる 60

2 「チームなかつがわ」です、よろしく 67
　公募民活システムで市民の組織化ができた 69
　連続継続システムで続けた支援 70
　ヒトモノ一体システムで支えた支援 72
　拠点支援だからできた子ども支援 73
　竹トモプロジェクト（養殖竹支援） 74
　花トモプロジェクト（花支援） 77
　海トモプロジェクト（海産物販売支援） 80
　石巻市民とトモダチの輪 81

3 「チームなかつがわ」へ 83
　子どもの目、大人の目　木村慶子 85
　被災の庭に花、支援のおかげ　木村慶子 89

11
目次

心の支え　子どもたちへ。明日の日本へ　武山　伸 90

平成22年度 石巻市立湊小学校 卒業式式辞　遠藤伸一 93

コラム● 2011年9月3日付『週刊ダイヤモンド』より 子どもたちへ。明日の日本へ　佐々木丈二（湊小学校校長＝当時＝） 96

中津川市防災市民会議　第三期派遣に参加して 101

私が東北に行って思ったこと　可知達也 103

宮城県石巻市で感じた貴重な時間　下畑　茂 106

親子で、被災地ボランティア活動に参加して　村瀬愛枝 112

2013年3月29〜31日活動参加　疋田和也 113

2013年3月29〜31日活動参加　小木曽淑子 115

4 「生きる」ある自宅避難者の目に映った震災　根子邦枝さん聞き書き　牧野幸代 116

5 避難所／仮設住宅　生活実態調査アンケートからわかったこと 127

6 大川小学校被災勉強会 147

12

石巻震災エキスプレス

7 石巻から中津川へ、支援感謝旅行に感謝 161

8 ストリートオルガンを聞いて「元気まな板基金」／若き防災リーダーの育成 167

「チームなかつがわ」から、みなさんへ 175

活動報告 180

おわりに 185

1 現場に立って、悼(いた)む人になれ

私たち中津川市防災市民会議は、災害ボランティアとして自分たちが現場に急行し活動するだけでなく、

「誰でも災害ボランティア」
「市民力結集総力支援活動」

もあわせて大切にし、そのための方策を常に考えてきました。

一人でも多くの市民を、被災地にお連れすること。

その現場に立って、そこで感じていただくこと。

そして現場の活動を通じて、被災者とのご縁を大切にしてほしいと願ってきました。

そのために、災害ボランティア体験ができる一般市民の参加窓口を常にオープンに呼びかけてきました。人を現場に誘うための環境づくりに、多くのエネルギーをかけてきました。また、現場には行けないが、何かで応援したい人のために、それらの人のパイプ役になろうと、いつも考えてきました。

私たち市民団体が目指す支援の一番の特徴は、支援者と被災者を直接結びつける点。支援物資を被災者に直接渡し、顔と顔をつなげる点にあるのではないかと思います。私たちがパイプ役となって、市民と市民の交流や友情を育み、災いという悲しみですら人と人が支えあえる喜びの絆に転換するため、手探りで模索してきたと言えます。

最初から正直私たち自身も、考えていたわけではありません。が結果として、自然にこうなりました。私たち自身が継続支援する中で、自然に導かれていきました。

16

石巻震災エキスプレス

そのつど、導きに従ってきたと言っても過言ではありませんが、とても不思議な力に支えられてきたのだと思います。

だからこそ本書も、期せずして犠牲者となられた人のために、私たちがこころの花を手向け、膝を屈して、悼む者になるための導きの書として、皆さんにお読みいただければありがたいです。

はじめはヘドロやガレキが相手

被災地が近づいてくると、最初に目に映る悲惨な情景に、誰でも釘付けになります。特に初めてのボランティアは、想像以上のショックがあると思います。傾いた家、つぶれた家、ひっくり返った車、折り重なる車、傾いた電柱、灯かない交差点の信号機、そして圧倒されるガレキの多さ。日常では決して目にしない非日常空間。その現場に立ったときに、誰でも相当なショックを覚えます。ボランティア自身が、自分は大変な所に来てしまったんだと覚悟することになります。テレビで見てはいたけれど大変なものを現実に見てしまったんだと……。破壊された町に目が奪われ、時間の止まった町に心が奪われます。ボランティアの中には、さあやるぞという人もいれば、もう引き返したいと内心思っている人もいるはず。まず、目の前の情景に身体が固ま

1 現場に立って悼む人になれ

り、心が震えます。走っている車で圧倒的に多いのは、自衛隊の特殊車両や警察のパトカー、消防車、救急車。目に映るのはそれらの人々ばかり。地元の人をほとんど見ないか、見えていても見えない。時折行き会っても、深く印象に残せないままです。

通常、災害ボランティア（以下、ボランティア）は災害ボランティアセンター（以下、ボランティアセンター）を目指し、そこに到着すると他のボランティアの姿を見て半ば安心します。ボランティアセンターに登録し、活動の場所と指示を受けます。参集するボランティアも個人参加より団体での参加方式になりつつあります。つまり、各個人がバラバラで現地に来るより、出発地でボランティア団体に入り組織として現地に来て、ボランティア組織の一員として登録し活動する。その方が効率的であるのは言うまでもありません。活動中も単なる個人的ボランティアより、組織名が入ったベスト等を着ていた方が、地元の人に安心感があるのです。

そしてボランティアは与えられた活動内容をこなすため活動場所に移動し、作業をはじめ、午後3時頃まで作業した後、再度ボランティアセンターに帰って報告をすれば一日の作業は終了します。その後、各自の休息の場所に戻るなり、散歩するなりは自由です。

ボランティアの宿泊場所は通常の場合、ボランティアセンターで指示されることも多く、石巻の場合は、石巻専修大学内に災害ボランティアセンターが開設され、ボランティアは、そのキャンパスの一角のグラウンドに露営できるようになっていました。つまりボランティアは、自前のテントで自炊生活が前提で、活動そのものよりも宿営環境が厳しい側面もあり、それがネックで

湊小学校配膳室（2011.3）

ボランティア活動に二の足を踏む人も結構多いと思います。

これまでの災害現場では、災害ボランティアセンターを運営する現地の社会福祉協議会がボランティアのための宿営、または宿泊スペースをそのつど決めて指定する場合もあれば、そこまで余裕なく手が回らない現場もあり、様々と言えます。現場は被災者の避難場所や避難所確保が優先なので、ボランティアについては自己完結型が基本となるからです。無報酬でベッドも食事も自前が基本です。しかし、今回のように露営とはいえ、ボランティアの宿営場所が災害ボランティアセンターの前という利便性はことのほか高かったと言えるでしょう。これも広大なキャンパスを持つ大学との事前協議の中で、打ち合わせができていたのでしょう。市街地中心部にあった石巻市社協事務所自体が津波で水没してしまったので、事務所機能も兼ねた社協仮事務所兼災害ボランティアセンターであったようです。

作業を終えたボランティアは、各自のテントに戻り、思い思いに夕食の準備をしたり歓談したり、そこだけ見ると大キャンプ村でのカラフルなテント群といった様相です。ボランティアは、作業が終わればボランティアセンターに帰り、その後は指示された宿営場所でくつろぐ日常なため、他のボランティアと話すことはあっても、

19

1　現場に立って悼む人になれ

散乱するガレキ。すべてゴミ。

図工室の中に、車まで

被災者と打ち解けて話す環境にはあまりありません。もちろん、再び作業現場や町に出かけて行けば話はできますが、ボランティアもガレキの片付けやヘドロの撤去などで疲れているのが普通です。そこから被災者の居住している所まで行くことはあまりなく、明日の活動のためにくつろいで過ごすことになります。また夜間は、ミーティングに向けての資料整理をしておく時間でもあります。ですからボランティアは、作業はするが被災者とのふれあいはほとんどなく、あって

20

石巻震災エキスプレス

も作業の休憩時間に少し話をする程度といった具合で、それぞれの活動終了日が来れば被災地を後にするのが普通です。

「チームなかつがわ」の場合は、市職員が事前に市所有の大エアーテントを、災害ボランティアセンターのある石巻専修大学構内の指定場所にわざわざ設置してくれました。感謝、感謝です。そんな夢のような便宜を図ってくれたので、最初の活動第1日目が終わると、そこで全員休むことができました。

しかし次の朝目が覚めたら、3月も終わりだというのに夜間の積雪のためテントが雪の重さでつぶれかかっていました。びっくりして、みんなで雪下ろし。やれやれといった感じで、各自朝食をとったあと、本部スタッフに一人残して2日目の作業に出かけました。その午後、今度は強風でエアーテントが吹き飛んでバラバラになったという連絡が入りました。現場から急きょ一人戻ってみると、二つのうち大きいテントは丸ごと200メートル以上飛ばされ、しかも枝木に引っかかってテント地の一部が破れ、見るも無惨な状態になっていました。

エアーテントとしては致命傷であることを確認し、散り散りになった部品も回収したのち、テントの中に入れてあった各自の私物や共有のもの、備蓄用食糧飲料を拾い集めました。小さい方のテントは何とか補修すれば宿営ができますが、困ったことに、それでは全員が寝ることはできず、今晩の寝場所を確保しなければならないという課題が残りました。ボランティアも寝る場所がなければ被災者と同じ――、そんな感じでした。

何とかしないと、と思っても、どうしたらいいかとっさに思いつきませんでした。忙しい災害

21

1　現場に立って悼む人になれ

ボランティアセンターに相談して、屋根のある宿泊場所を探してくださいなどと頼むのでは、余分な時間を取らせ迷惑をかけてしまいます。そこで藁にもすがるつもりで、今日の活動場所に緊急避難的に宿泊できないか聞いてみることにしました。

再び湊小学校避難所に戻り、そこのリーダー庄司さんに聞いてみました。というより平身低頭して頼みました。そうしたら、「なんとかしましょう。場所をあけます。ただし、被災者と同じ部屋になると思いますが、いいですか？」と言ってくれました。「もちろんです。屋根のある所で眠れるなら、どんな所でもかまいません」。みんなの寝る場所だけは絶対確保しなければと思っていたので、その言葉は本当に涙が出るほどうれしかったです。

その日、「チームなかつがわ」は二つに分かれて分宿しました。この日が東日本大震災で避難所に泊まった第一日目でした。

そんなわけで始まった避難所での被災者との同宿環境、昼間にいたボランティア。アレッ？　被災者も最初はとまどいがあったことでしょう。しかし夜も同じ建物にいることで、まずはあいさつにはじまり、だんだんとボランティア個々のコミュニケーション能力が発揮されていきました。廊下で、洗面所で、喫煙場所で、そこかしこでちょっとしたおしゃべり、立ち話。そんな縁をいただいたことから、その後も毎回避難所のリーダーにお願いし、同宿のお許しをいただきました。

不思議なご縁で、この湊小学校避難所で活動することになり、そしてこの湊小学校の図工室が毎回の宿泊場所として、定着していったのです。被災地で宿泊場所が確保されていること、主催

22

石巻震災エキスプレス

団体にとってもこれほど安心なことはありませんでした。雨でも雪でも建物の中で安心して休むことができる休息環境を確保できたことが、明日のボランティア活動の英気を養うことにつながりました。

やがて宿泊でお世話になったこの小学校に、ここで暮らす被災者に、そしてこの地域になじんでいきました。ここへ来て、ここで働き、ここから中津川へ帰る。だんだんとそれが自然にな

石巻市立湊小学校玄関と運動場（2011,3）

校庭脇のプールに残る車

湊小学校の1階天井近くまで津波が来た

23

1　現場に立って悼む人になれ

ヘドロとの戦い

りました。そんなスタイルが、避難所が閉鎖される半年ほどの間、10回ほど続きました。専修大学内にあるボランティアセンターには、何日に何人来て何をしていつ帰る、その計画を申し出て、理解を得て、ボランティア活動証もいただいていました。

自然なカタチではじまったボランティアと避難所の被災者との交流交歓。被災者だって被災する前は一市民、そして地域の生活者です。みんな地域に対する愛着を持ち、地縁で結ばれてきた人たちです。中津川の人にとっても同じく、地域への愛着という点で、話が合わないはずがありません。そしてだんだん互いの顔が見えてきました。ボランティアと被災者ではなく、市民と市民との関係で、互いの顔と顔を見るようになっていきました。時にはリピーターとして参加するボランティアは、なおさらそうなっていくのが自然なことでした。時には大型バス1台、時には2台で、ここ湊小学校避難所に直接やってくる、そうしたことの連続でした。

またこの避難所前で、「チーム神戸」が独自で、自主的な民間災害ボランティアセンターを開設していて、スタッフが常駐していたので、ボランティア活動の具体的な内容は、ここで提案調

24

石巻震災エキスプレス

整させていただいたり、指示に従って活動したりしました。

「ボランティアで3度石巻市へ」（2011年4月14日付　朝日新聞）

　災害ボランティアの代表として、市の依頼で情報収集のために地震の翌日に宮城県石巻市に行った。

　ライフライン、救援ルート、救援物資の調査で翌週も行った。石巻市社会福祉協議会災害ボランティアセンターで、ボランティア派遣の要請を受けた。市へ帰って市の災害対策本部でボランティア支援の決定を得て、次の週には編成した第一次隊を率いて3度目になる石巻入りした。6日の6次隊まで一日も途切れず3泊4日でボランティアを連続派遣、延べ100人以上の中津川市民が被災地で活動した。

　現地でのテント設営等には中津川市の理解の下に、ボランティアを強力にサポートしてもらい、避難所の泥掃除や物資の配給など、全国のさきがけとなる先進的な官民連携ができた。

　個人がバラバラで現地に入るのではなく、居住地でチームを編成し被災地の希望に応じて出発することが重要だと分かった。

「被災地で活動、心も支えたい」（2011年4月27日付　中日新聞）

　地震と津波災害、そして原発事故は、想像をはるかに超えていた。破壊力と影響力に身震いするばかりだ。

25

1　現場に立って悼む人になれ

愛する者を亡くし、全てを失ったとき、時は止まる。現地の時は、まだ止まったままだ。元に戻らない情景が、悲しみと苦しみを繰り返し思い出させる。時が止まれば、心が止まる。心が止まれば、孤独が主役となる。悲しみが大きいほど、より大きな毛布で人は包まれたい。

私は、災害ボランティア団体代表。地震以来4度目となる宮城県石巻市ではボランティアがようやく増え、毎日現場に散っていく。元気な発電機のように、一日フルに活動するボランティアは、被災者にとって、時を癒す毛布であり、時を進める発電機でもある。

人は「絆」に助けられ、「縁」に支えられて立つことができれば、そこから新たな一歩が始まると信じたい。

同市は行政、市民、ボランティアが一体となって「まちなかスマイルプロジェクト」をスタートさせた。途方もなく多くの人手がいる泥出しや片付けで、まずは目に映る風景を美しくして、被災者それぞれの心内時計が、上に向かって動きはじめたらありがたい。

小さな市町村だからできること──チーム「市の名前」でまとまれる

小さな市町村の強味は、市と市民の距離が近いこと。これは私が都会から引越してきた者だから余計に感じることかもしれません。昔からそこに住んでいる人にとっては、当たり前のことで

26

石巻震災エキスプレス

しょう。

当然、市町村名はそのまま市民にとって最大のブランドであり、最も身近な帰属先であり、大家族的にまとまられる共通のキーワードの筆頭です。それを培ってきたのが、地域コミュニティ。地域の共同作業やお祭り、運動会、その他地域総出のイベントや掃除です。また全市を一つにまとめるＰＴＡ活動や消防団、女性防火クラブ、体育協会、交通安全協会、青少年健全育成市民会議、老人会および区長会などの手厚い市民サポート態勢です。

被災地支援などで、そうした団体自体が外に出ることは難しいにしても、メンバーが自主的に支援に出るのは個人の判断で可能です。団体を離れた一人ひとりの個人が〈チーム「市の名前」〉の下になら集結しやすいということの意味は大きく、個の力がそこに結集されます。被災地では〈チーム「市の名前」〉が、どれほど市民にとって誇らしく、また活動するための参加動機になり、活動を支える大きな力の源となるかわかりません。

被災地の支援をしたい市民はことのほか多いのですが、地理不案内の土地への個人参加、往復の旅費・交通費は自弁経費、宿泊は自前、食事も自前、全て自己完結では、どうしても二の足を踏まざるを得ないでしょう。

そこで「チームなかつがわ」では、被災地支援に参加したい市民は、出発地で手を挙げ、出発地で事前学習と情報入手ができ、出発地でグループの一員としてまとまり、少しでも安心して参加できる仕組みを考えました。それを市に提案し、市が理解協力していただいたことが、今回の支援継続にとって、何と言っても大きな要因の一つだったと思います。

27

1　現場に立って悼む人になれ

何度も繰り返しますが、その安心感はボランティア参加が初めての市民にとってとても大きく、参加しやすい環境の確保に努めた結果、たくさんの市民がボランティアとして現地に立ち、経験し、震災現場を直接目の当たりにした証人となりました。個人参加で、現地の災害ボランティアセンターで当日即席の活動グループ化されるのと違い、出発地で参加申込みができ、出発地で組織化され、研修を受け、活動内容の説明を受けて、しかも同じ市民同士で活動できる態勢をつくることができました。そして現地の災害ボランティアセンターへは、組織化されたチームとして申請登録することで効率化を図ってきました。

市民同士が近く、付き合いが広く濃厚。そして職場のつながりだけではなく、近所つながり、同級生つながり、遊びつながり、サークルつながり、そして何といっても強い身内つながりなど。地方の人は、実に様々なつながりの互助的コミュニティの中で暮らしています。そして、そういうボランティアは何より元気がいい。年齢性別にかかわらず広範囲な人が集まることも、小さな町の特徴と言えるでしょう。それまで知り合いではない人たちばかりの〈チーム「市の名前」〉でできた混成チームには違いないけれど、まとまりの良さは群を抜きます。それはそのまま活動の効率化に反映されていきます。

ボランティアの構成が様々なのも面白いものです。まず年齢が様々。中津川市の防災メールで手を上げる参加方式なので、実に多彩な年代の人が集まります。小学生の親子参加から中学生・高校生、はてはかなりの高齢な方まで。男女も半々ですし、年金生活者がいると思えば現役の年代も多く、職種も市の職員から民間企業の社員、経営者まで。仕事の内容も様々で、保険屋さ

28

石巻震災エキスプレス

ん、教師、建築、土木、産廃業者、美容院、運転手、工員、農業、その他自営業などなど。これまで参加した災害ボランティアは、のべ500名にのぼります。人口8万都市のサイズを考えると、決して少なくありません。しかも被災地までの距離を考えれば、私は立派な数だと思います。

しかも、現地ではおなじみとなっている「中津川」の看板を背負って活動するボランティアは、たとえ初めての現地入りであっても、現地の人の目は温かく、親しみにあふれています。また同じボランティアグループに属する同じ市民同士の気安さで、現地に不案内でもチームの一員としてのびのびと振る舞え、安心して活動や見学ができます。

そしてなんと言っても大きいのは、被災者とボランティアが同じところで寝泊まりしているという点です。どこでもふれあい、話ができる。その機会が非常に近くにあります。喫煙所で、洗面所で、あるいは食後のひと時に。ボランティア活動以外の時間は〈ふれあいタイム〉という環境の中、リラックスしたボランティアは、地域ならではの濃い人間関係の中で普段から磨かれたコミュニケーション力を十二分に発揮して、あちこちでその口火が切られることになります。事前説明会では、常識的な社会ルールを守るだけで、基本的に活動前後の行動は自由にしてきました。これもまた良かったと思います。他のボランティア団体に属するボランティア同士の交流。そして被災者との交流。それも避難所の被災者との交流はもちろんのこと、活動先での交流、地域の在宅での交流、そして避難所回りや少し足を

29

1　現場に立って悼む人になれ

伸ばして出かけた先での被災者との交流などなど。ボランティアは、生涯忘れ得ぬ活きた体験と、被災者との交流を胸に刻んで帰ることになります。「景色を見に来たんじゃない、人に会いに来たんだ」という思いを、大切にできればと思っています。

「チームなかつがわ」が持ってきたトラック一杯の救援物資よりたくさんの〈思い出物資〉を胸にしまって、ボランティアが今日も帰っていく。その語り部が地域で話し、被災者の無念を伝え、それが地元の災害に強いまちづくりへとつながります。ボランティアの皆さん、ありがとう。皆さんは生きている限り、震災の語り部となります。その語り部が地域で話し、被災者の無念を伝え、それが地元の災害に強いまちづくり、それでも元気に生きる人々から、元気が出る使命を担っていっていただければ、本当にありがたいです。いや、すでにそうなっていく動きが出始めています。そのための「チームなかつがわ」だと思います。私は、そんな人々から、元気が出る町が生まれてくると信じ、楽しい期待を持っています。

たとえどんな小さな町でも、自分の町の名前を冠して居住地でその市民を集め、まとめる。そしてボランティア教育、あるいは現地の状況に応じた災害救援教育を提供し、被災地にチームとして入り、チームで活動し継続していくことで災害救援・支援の効果を現す。その体験を自らの居住地にフィードバックすることが、自分たちのまちづくりの、その大きな起爆剤になることが実証できました。そう思える歩みとなりました。

これは蛇足ですが、〈チーム「市の名前」〉が書いてあるベストを着て、そのベストに自分の名前も記されていると、被災者はとても安心します。その人がどこから来た誰かがわかることは、被災者を元気づけます。

30

石巻震災エキスプレス

湊小学校前の女川街道の惨状

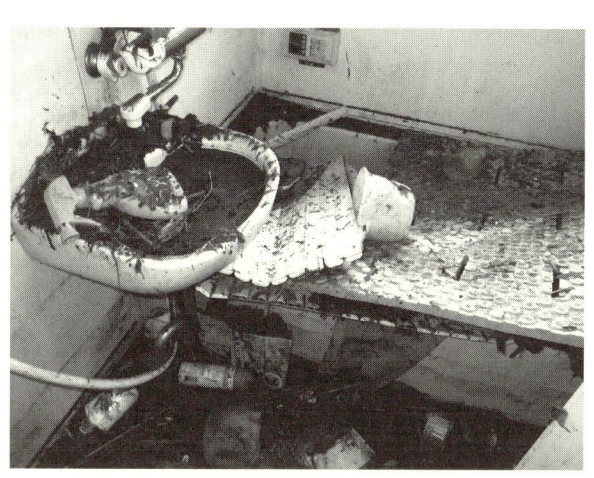

湊小学校裏の住宅のお風呂場

「そんなところから来てくれたんだねえ。あんたの名前、佐藤さんていうの。その町に行ったことがあるよ」とか、「その町は何県にあるの？」などなど、被災者からも声がけしやすいようです。

中津川市の場合、誰にも「行ったことがある」とは言われませんでしたし、何県にあるのかもご存じではありませんでしたが、中津川の名前だけはみんなに覚えていただけました。「中津川

1　現場に立って悼む人になれ

のボランティアはよくやってくれている」と過分にほめられたのも、市の名前が一人歩きしたもので、他のボランティア団体ももちろん一生懸命活動されていました。ただチーム名に市の名前が入っているので、連続してやって来る中津川チームの名前を被災者の方が記憶に残してくれたのでしょう。

「中津川」の名前がこの地域でとてもブランドになったことは、中津川市にとってもよかったと思います。中津川市のある岐阜県も覚えていただけるようになりました。県がわかると、「そんな遠いところから、本当によく来てくれたねえ、私たちのために」とまた喜んでいただけました。私たちも震災が起きる前まで、「石巻ってどこにあったっけ？」とうろ覚えでしたから、お互いさまです。

チームの活動内容は、事前に現地と打ち合わせてある程度決めておきますが、当日の現場でのニーズに柔軟に対応してきました。出発前に参加者を集め、チームを編成しチームの一員として団体活動する旨を伝えます。つまり、ボランティアは市の公式メールで呼びかけて募集されますが、活動内容・活動責任は市民会議にあり、公募民活方式であること、チームは小隊に分け、各隊長（リーダー）が行動を統括し指示を出すこと、スタッフとして市民会議のメンバーがつくことなどを説明します。これまでの活動実績の説明、今回の活動内容の説明、そして宿泊交通の手段と旅費交通費の説明をします。その後、集まったボランティアを任意に小隊に分けます。一隊が５〜７人を目安に、実際の活動チームを編成し、小隊長（グループリーダー）を各隊に置きます。つまり、各隊に市民会議メンバーと公募一般ボラン

32

石巻震災エキスプレス

ティアを混成配置し、各隊でコミュニケーションを取る時間をつくります。一例を上げれば、Aチームから I チームまでつくり、掃除班、ドロ出し班、炊き出し班、お楽しみ班、ボランティア給食班などの分担を決めます。もちろん当初は、ほとんどがドロ出し班でした。そのチームの構成は、できるだけ年齢性別がバラバラになるようにし、アトランダムに決めます。チームリーダーは、市民会議の会員やボランティアのリピーター等を指名したり、選出されたりします。チームリーダーに名前を付け、出発から帰着まで、チームリーダーにチームのまとめをお願いします。

チームのがんばりは、分割し責任を持たせることで、毎回各小隊それぞれがとても意気高くなります。結果として全体を盛り上げ、大きな満足感にたしかな実績につながっていきました。災害ボランティアは、ある意味やる気満々で現地入りしますので、ボランティア活動を通して、それが達成されたときの喜びはことのほか大きいと言えます。人の役に立ったという充足感と、みんなで協力したという同志的一体感、そして余分なことを考えずに活動に集中できた安堵感に包まれ、小学校避難所の中の図工室と理科室の宿泊ルームで幸せな眠りにつきます。

「チームなかつがわ」で良かった――と、参加したボランティアが満足してもらうこと。それが隊長のもう一つの仕事です。個人では不安いっぱい、お金もいっぱい（かかる）で、とうてい参加するなんて考えられなかっただろう一般の人たちを、市民会議がきちんと企画調整することによって、参加環境を一気に広げた意味はとても大きいと思います。結果として多くの参加者が得られ、災害ボランティアは一般の市民でも参加できるようになりました。災害ボランティア体験を通して被災地に立ってもらえたことで、ボランティア活動時間自体は決して長くなくとも

33

1　現場に立って悼む人になれ

（たとえ2、3日であっても）、全てのボランティアの目に映った被災地の状況が、一生忘れられないほど深く心に刻まれたはずです。多くは災害ボランティア一年生でしたが、参加した全てのボランティアが、「参加してよかった」「また参加したい」「仕事はすごくきつかったがやり遂げました」と喜びと達成した満足感を持ち、参加への不安感を少しでも減らし、安心して活動できるよう心を砕いてきたつもりです。そして参加への不安感を少しでも減らし、安心して活動できるよう心を砕いてきたつもりです。もちろんそうしたつもりではあっても、行き届かないことばかりだったでしょう。しかし、そう心がけ、そのことに時間を使ってきました。

ボランティアに来たけれど仕事がなかった――。自分のやりたいことと違った。もう二度と来ない。もう二度とボランティアはやらない――。そうやって、がっかりして帰る個人ボランティアは意外に多いのではないでしょうか。繰り返しますが、チーム名に市の名前を冠することのメリットは、そのことで市民はまとまりやすくなり、より一生懸命になれ、やる気が出る人もいるということ。そして、市の名前が書かれた活動ベストを着用することで、市民としての誇りが生まれます。それが現地での行動、立ち居振る舞いに、より誠意があらわれると感じるのは、私だけではないはずです。そして、最大の効果は何と言っても被災者からの信頼です。被災者には団体名はわかるけれど、その団体の氏素性がわかりません。だから、団体名よりも市の名前が入った活動ベストの方が信頼を得やすいのです。

そうやって、被災地の活動を終えたボランティアは、わが市わが町に帰ってきた時、災害に強い人として、その第一歩を歩み始めます。同時に、災害に強いまちづくりの力や、町を元気にする

34

石巻震災エキスプレス

力を秘めた人となります。そうした人々は町の財産です。コーディネートされて被災地に行ったのだとしても、行こうと思って手を挙げたのは自分自身。自分の意志で動いたのですから。

「住宅の泥出し、多くの手必要」（二〇一一年五月二二日付　中日新聞）

東日本大震災から2カ月余。原発災害以外の被災地報道は少しずつ減ってきた。その一方で、連休中ボランティアは充足しているらしいとの報道だけは目立った。

宮城県石巻市で活動した私たちが感じたことは、ボランティアが圧倒的に足らないという事実であった。

住宅の床下の泥出しは機械ではできず、全て人力。泥出しの必要な家庭は、依然として山ほどあるのに、私たち「チームなかつがわ」の60人でも2日間で10軒ほどしかできなかった。床下に残る泥を出し、拭き取ってきれいにすれば、家には生気が戻り、住人には生活再生の意欲が出てくる。だが泥出し作業は、想像以上にきつい仕事だ。だから今でも手がつかず、そのままの家が高齢者宅を中心にとても多い。

もっと多くの手が欲しい。それが現場からの声である。

1　現場に立って悼む人になれ

地方の町だからできること

　地方の町は、人間同士のネットワークがわかりやすく、見えやすい。なんといっても生産者が多い。生産者といっても工業生産品でなく農産物の生産者です。農業生産者が身近にいると支援の輪を大いに広げることができます。つまり救援物資といえば、パンに牛乳、あるいはカップラーメンにペットボトルの水、あるいはコンビニおにぎりにペットボトルのお茶、と考えてしまいますが、そうではなくて、自分のつくった農産物こそ救援物資になるという発想です。被災者ほど新鮮な野菜や米が不足し、欠乏しているのは当たり前です。災害前まで新鮮な野菜を食べていたのが、毎日パンやおにぎりばかりでは……。

　目の前の野菜や米が救援物資になるということに気がついたときの生産者の喜びは、思った以上に大きく、「それならできるじゃないか！」と喜んでいただけました。自家菜園者から農協へ出荷している農業者まで、あるいは水耕野菜生産者、こだわりの有機農法、無農薬野菜の生産者、食品加工者そして自宅で備蓄米の保有者、これらの市民が持っている農産物資源が、そのまま支援物資になることを、今回実証できました。これは都会ではできない、地方の町だからできる最大の強味と言えます。そしてその強味は、そのまま支援物資の提供者の広がりであるもので支援できる、そして野菜なら継続して支援できるという強味です。食糧提供者はそのイコール支援者となり、食糧支援物資は毎回繰り返し募集しても飽きられないし、毎回ままで、

石巻震災エキスプレス

運搬するたび現地の皆さんにいつも歓迎されてきました。後は煮炊きの壁。炊き出しができる状態を一刻も早くつくるか、チームとして現地で炊き出しがどれだけ早くできるか、だと思います。温かいご飯、飲み物、いずれも道具と器材が必要です。

地方の町には特産品もあり、それを提供することもできます。その一つが中津川瀬戸の特産タケノコで、支援物資として持っていったことがあります。現地でタケノコのみそ汁を提供しました。そして山の町ならどこにでもある竹を伐採して、カキ養殖のイカダに提供したこともあります。また山の町には特産品として、刈った草や枝木、鶏糞・豚糞等からつくる堆肥。山の町にはそんな業者もいて、これまた支援物資となっています。特に今回は津波の影響で塩害が広範囲に出ているので、土壌改良剤として堆肥が大変喜ばれてきました。

山には山ならではの生産品があり、それをそのまま支援物資として活用する知恵と工夫は多くの支援者、多くの市民を巻き込んで、より広範囲な市民に支援の輪を広げることができました。

地方のまちのまとまりの良さは、何も日本だけではないと思いますが、日本のその特徴は、地域挙げてのたくさんの行事でいつもトレーニングしているかもしれません。

大都会からの転入組である私は、田舎暮らしのために15年ほど前に中津川市に引っ越してきました。家の近くには公園もなければ、歩いて行ける近所に喫茶店もありません。家の他にあるのは、田んぼや畑や圧倒的な面積を占める山山。人間の他にいる動物は、イヌ、ネコのほかに、イノシシ、タヌキ、ハクビシン、キツネ、カモシカ、クマ、ときにサルが生息する動物天国。うちではイヌやネコはもちろん、多いときに空き農地でウサギ、ニワトリ、アヒル、ヤギ、そしてロ

37

1　現場に立って悼む人になれ

バを飼っていました。こんな楽しい田舎暮らしの中でも、多くの地域共同作業に最初は戸惑いました。しかし、慣れてくるとそれが社交の場でもありました。定期的に行う共同作業は、否が応にも共同体への帰属意識を育てることになり、知らず知らずに血肉になっていきました。東北の被災地でもそれは似たようなもので、同じ市民として打ち解けるのに時間はかかりませんでした。ともに地域共同体の良きメンバーとして、共通するものを持っていたということです。地方の田舎では、みんなで助け合ってきたんだよね――、それは都会からの転入者だからこそ、よく見えたのかもしれません。

もう一つ地方の町だからできる点は、何と言ってもいつも自然をよく見る癖ができている点です。地方に住んでいると、人の中に人工の自然があるのではなく、大きな自然の中に人が居させてもらっていると感じます。それが毎日、当たり前だと感じるのです。東北の被災地もまるで同じような自然環境で、田舎の者同士、同じ想いを馳せることができます。中津川市は山に囲まれた土地であり、被災地は海に近い土地という違いがあっても、自然はやはりすごいし、厳しいし、圧倒される。それと向かいあってきたよね、という共感。手前味噌かもしれませんが、日常意識せずとも、「自然と共に生きてきたよね」という共通の喜びがあります。そんなことが気安く分かち合えるのも、地方の田舎者同士だからかもしれません。

互いに超高齢化社会の中で生きている者同士、近所に子どもがいなくなった、地域の半分が60歳以上だ、ということが珍しくも何ともなくなりました。年を取ってもまだまだ元気で、現役ばりばりの仕事をこなす高齢者がたくさんいます。どうして日本はこんなにお年寄りが元気なので

しょう。まるで、60歳が「まちづくり成人式」と言っても過言ではありません。60歳からはじめるまちづくり。15年間ほどの活動期間かもしれませんが、その15年間は人生の集大成と言えます。たいていのことは誰かが専門的知識を持っており、キャリアがあります。「チームなかつがわ」にも、この60歳以上のメンバーが多く、多士済済です。

災害ボランティアには、口で言うだけの人は要らないし、役に立ちません。必要なのは実践者、利他の精神の持ち主です。「自分が好きで手を挙げてここまで来たのだけれど、被災者のために尽くすことが、自分磨きなんだ」。やっていると、それは自分だけのためじゃない。その覚悟ができなければ、それはきっと自分が前に出過ぎているからでしょう。それに気付くだけでも、災害ボランティアの意味があります。

この試練をまちづくりのきっかけにしていくという、たくさんの人がいます。いい国ですよ、この国は。後はそれをどう結びつけるか、どう活用するかです。行政の仕事は、災害ボランティアをもっと活用すべきです。中津川市の場合は、市で災害ボランティアを持ち、育成してきました。これは先進的な素晴らしい施策でした。そのおかげで今回の震災後の対応は、市と市民の協働で多くの経験ができ、実績をあげました。これをきちんと検証し、次の大災害に備えるべく災害ボランティアを積極的に活用する行政の最大の課題です。災害ボランティアをいかに行政が使いこなすか、事務に強くても現場に弱い職員が現場で鍛え上げてきた災害ボランティアの力をいかに積極的に活用し、いかにその力を伸ばすかが行政の課題です。

非常時になると想定外のことだらけ。柔軟な調整力と混乱した現場をまとめる強烈なチーム組

1　現場に立って悼む人になれ

織力を持ち、行動力のある災害ボランティア団体をうまく使い、さらに被災防災のシンクタンクとして位置づけていく行政の姿勢や立ち位置はとても大切です。消火や捜索に威力を発揮する消防団のように、防災／災害ボランティアチームを防災団として組織化し、機能別消防団としても利用するなど、市民の利益のために行政としてやれることはたくさんあります。

市職員は当初自主的ボランティアとして市民会議に参加したり、職務で被災地に派遣されたりしました。そこには、災害ボランティアチームに入った市職員がひたむきになって市民と一緒に活動する姿がありました。災害ボランティアチームである「市民会議」をはじめ、他の市民団体に入って活動することもそうだと思いますが、水平的能力集団の中に入って、市職員ももっと人間性を磨き、精神力を鍛えるべきではないでしょうか。公務員や公職に就いていた人ほど、その職務を終えたら、その能力を活かしてボランティア活動をするべきではないかと思います。

横道にそれるかもしれませんが、その代表が市職員たたき上げで事務方トップとして職務を退いた元中津川副市長でしょう。現在は「市民会議」の副代表でもあり、その他まちづくりの市民ボランティア活動をし、さらには寺院の全国宗議会議員もされています。このような先輩を見て、市職員の人生形成の見本としてもらえたら、ありがたいと思います。

とりわけ、災害ボランティアは被災地で被災者とふれあうことで、逆境からでもより良く生きたい、生きていきたいという、そんな勇気と元気を被災者からもらい、自分自身の生き方に投射できるのも、ボランティアならではです。

ボランティア活動は、困っている人がいたらほっておけない精神を養い、鍛える絶好の修養の場ともなります。

40

石巻震災エキスプレス

行けば人生が変わる、というほどのショックを刻み、自分を周囲を社会を、そして日本を照らしていただければうれしいです。

「夏の被災地に、衛生対策急務」(2011年6月)

6月に中津川市から46人の災害ボランティアが宮城県石巻市湊学区で活動した。現地では、震災後百日法要が営まれていたが、ほとんどのボランティアは、終日泥出し作業に追われていた。

気温が上がり、住民を悩ましているのが、悪臭とハエ。家の泥出しは、床板をはがすかフローリングを切断すれば、後は人力で泥が出せる。泥を出し消石灰をまき乾燥させれば臭いは消える。しかし、特に水産加工場の周辺の地域は臭いがひどく、ヘドロが撤去されないままの私有の空き地や転出に伴い放置された空き家に、工場で冷凍されていたイカや魚の切り身が箱ごと流れ、中身が散乱しているところがある。

立ち入ることはできても片付けられないので、上から消石灰や消毒薬をまくしかない。中にはウジがうじゃうじゃいる。成長したハエは見慣れたものより二回りは大きい。それが飛び交いだした。2リットルペットボトルの横に穴をあけ、酒や酢を入れ作った誘因装置が家の周りにいくつも置いてあったり、軒先に並べて置いてある。半日もすると、どのボトルにもハエが5センチ以上積み重なる。

夏本番となったら蚊も加わり一体どうなるのだろう。消毒衛生対策と網戸の設置は緊急を要すると感じた。

1 現場に立って悼む人になれ

拠点継続が信頼の基本

救援物資お届け活動は、単発支援と継続支援で大きく変わります。一回でどーんと物資を被災市町村に届ける。あるいは、必要とされる物資を各地の被災地に配っていく。どちらも必要なことではあります。しかし送り手の都合や意志優先で、現地でニーズ調整されたものではないため（特に直後の物資救援の場合）、過剰品と不足品が出るのが、いつも保管と管理をする現地担当者の頭痛のタネとなります。断片的な現地情報しかなく、先に行動ありきなので仕方がない側面もあります。災害ボランティアの情報とともに、物資の情報を日々出していくのも今後の課題として検討の余地があると感じました。もっとも、災害直後の救援物資支援は、ニーズに沿ったものではなく、コーディネートされて届けられたものでもなく、緊急性の高いものをどれだけ早く届けられるかが最優先となります。

災害直後の生命危険期、大混乱期に必要なものは食糧と水なので、まずそれが動くことになりますが、それを過ぎると、被災状況により物資の調整ができるようになり、次には被災者ニーズに合わせて現地の保管センターから配給されます。しかし一方で、宅急便方式で支援地でニーズに沿ったものを集めたり、その場所の適量にして、必要な場所に必要な物資を送り出すことができれば、効率的なことは言うまでもありません。それを担当する場所やスタッフ、そして情報の集積できるセンターが今後は議論されることでしょう。いわば配送センターです。それはむしろ

42

石巻震災エキスプレス

被災地内でなく遠隔地でも連携できる情報センターとのネットワークが確保されれば、さらに改善されると思います。

拠点の重要性は当然のことで、拠点が現地の情報収集のセンターであり、配給のセンターにもなります。そして、それはできるだけ現場の被災者の近くで寄り添え、声が届く距離感が望ましいと思います。

被災者が外部の人間と打ち解けるカギは、いつもそこにいるか、継続して繰り返し何度も出会う機会があるかのどちらかです。しかし通常のボランティアは、社会人として本来の仕事があったり、生活があったりして、現地に常駐することは難しく、現実的に不可能です。そのかわり再訪し、そのつど新たな情報交換やニーズに沿った活動をすることにより、信頼関係をつくることはできます。

また、継続性を大切にすると口で言うのはたやすいのですが、マンネリやワンパターンになり、活動そのものが停滞しがちです。それを防ぎ、リフレッシュしながら互いに信頼関係をつくっていくのは大変ですが、それを企画力で楽しさに変えていきましょう。

カギは、支援者と被災者の関係でなく、友達関係のような水平関係の市民交流へと和んでいくことと思います。自然な流れで、そうなればあとは話の輪がつながっていきます。災害ボランティアは一面で、いろいろな激甚被災現場に行きたがり、いくつの現場に行った、それが自慢のタネになり、勲章を自分の胸にかけたくて仕方がない、そんなボランティアもいます。災害ボランティア団体も激甚現場を渡り歩きがちで、それは良いとしても、それとは別

43

1　現場に立って悼む人になれ

に、縁のできたところ、拠点定点で一点に関わっていく災害ボランティアや団体があってもまたいいと思います。これらは、それぞれが個別自主的に決めればいいことで、「中津川市防災市民会議」は拠点での選択をしたに過ぎません。

それはきっと、ご縁のあったところから復興の道のりをずっと見ていくことにつながるのですが、そのような関わり方が、現地の人と自然な交流ができたでしょう。逆に言えば、現地の人ともっと交流をしたいからそうしたのか、どちらが先かわかりませんが、少なくとも市民会議はこよなく"人間好きの会"でもあることは間違いありません。被災者であっても人間、支援者であっても人間。同じ人間で同じ言葉を発し、同じ言葉で理解しあえる以上、人間同士が親しくなることが、人間の良さであると思います。

その一例が、災害ボランティアでも被災者と話し込めるトモダチになってしまうことでしょう。トモダチだから余計ほおっておけない。心配も思いやりも、自分と同じ町内、同じ地域の人と同じように付き合ってしまう。また同じようにつきあおうとする。悪く言うと"おせっかい"ということになるのかもしれませんが、身体がそう動いてしまう。そこまでいかないと災害ボランティアじゃない――ぐらいの気持ちを持つ会員が残っているのではありません。固有名詞のつい絆や連帯といっても、不特定多数の人を対象に言っているのではありません。それがボランティアと被災者のトモダチ化です。私たちは、それを会としてやってきたあの人のため、この人が喜ぶように。それを大事にしているうちに、今の会になったのでしょう。

44

石巻震災エキスプレス

「市民会議」を手前味噌でほめたかたちになりましたが、「チームなかつがわ」は、そうやってきました。みんなを巻き込み、みんなに迷惑もかけ、みんなに喜んでもいただき、そしてみんなでやっているうちに、そんなカラーができてきました。それが支援者─被災者じゃない、市民トモダチの輪です。私たちも喜び、現地の人にも喜んでいただける。普通ではあり得ない事情でご縁ができたのですが、会の活動現場が、人間の出会いの場となっていきました。そして、両者があり得ないほどの友情に満ちあふれる。震災前の状態に戻ることができなくて「再生復興」でなくても、震災後災害ボランティアとのご縁が「新生復活」のきっかけになれば、それが復興と言える何かなのではないかなと思います。今日もあの誰々さん、どうしているんだろうと、遠く離れていても想いを飛ばしています。いつまで続くかわかりませんが、そのような人間関係ができるまで拠点にいた、それは誰も死ぬまで決して忘れることのできない、人生の華そのものではないだろうか。そんな互助満足も味わっています。

もちろん、コメや野菜で「市民会議」の活動を支援してくれている、実にたくさんの市民の皆さんと、被災者もつながっていることは言うまでもありません。

「現地との絆で、被災地を支援」（2011年8月11日付　中日新聞）

チームなかつがわとして、震災以来通算9回目となる7月の現地活動に参加した市民ボランティアは74人。そのコーディネートや被災地と出発地を結ぶ支援を私たち市民団体が担ってきた。

45

1　現場に立って悼む人になれ

現地との連携は、拠点の小学校避難所からニーズを聞き、今必要なものを中津川で市民から収集する方式をつくった。今回はハエ対策用品や野菜。それらをトラックに満載、到着後、すぐに配布した。

飲食事業者と連携し400食分の手羽先を提供した。同行した中高生の太鼓チームやフォークバンドが演奏を披露した。悪臭の中でのヘドロ作業や片付けは皆で汗をかいた。

小中学生の親子参加が4組あり交流会で小学校と連携できた。人や物資の呼びかけ、バスの助成は市との連携だ。同じ避難所で寝泊まりする私たちはなじみの顔となり、一人一人の生の声を聞かせていただけるフレンドリーな関係が生まれた。

行かなければ分からなかった被災者の心に触れ、生涯忘れ得ぬ日々となった。市民同士の絆をこれからも深めていきたい。

災害救援と防災は表裏一体

災害ボランティア活動や防災活動は、よく別々に考えられたり、現実にも別々に活動することが多々見受けられます。しかし、それは片方の車輪だけで仕事をするようなものだと思います。地元では誰も知らないとか、地元で活動した熱心なボランティアが、被災地での活動はしたことがない。また地元の防災活動には熱心だが、被災地で活動した熱心なボランティアが多々見受けられます。しかし、それは片方の車輪だけで仕事をするようなものだと思います。被災地で活動した熱心なボランティアが、地元では誰も知らないとか、地元の防災活動には熱心だが、被災地での活動はしたことがない。現場は全然知らない。

46

石巻震災エキスプレス

とか、そうした話をよく耳にします。私は何かいびつに思いますが、よくある話でもあります。なぜかと言うと、個人ならやりたくないことはしないで済むし、組織団体であっても、その団体のカラーを個人の感情でつくり、それに縛られると、ついつい片方の車輪だけ大きくなっていくことになります。

「市民会議」では、災害救援も防災も一体として考え、一体として活動することを大切にしています。またそれを当然としてやってきました。どちらが最初でも、どちらから始まったとしても、それらは災害の前か後かの違いに過ぎないからです。災害前ならするが災害後は人のことより自分、地元のことはするが被災地には行かないなど、それはそれでいいと思います。しかし、組織団体は、その両者の人々をまとめつつ役割分担することができます。全ての人がどちらもやればいいが、片方だけの人もいます。それでも組織としては両方重視することが健全であると思います。なぜなら困っている人がいるとほおっておけないという心情が、ボランティアの根底に流れていると思うからです。災害が来れば確実に困るだろうことを少しでも軽減することも、災害の後、実際困っている人の手助けも、結局のところボランティアの精神からすれば同じことだと思います。

もちろん諸事情で遠い被災地までは行けないという人の方が圧倒的に多いので、被災現場に立ったメンバーの情報を共有しながら、市民団体として地元防災に反映させていくことができます。その情報共有の元は、被災者の無念を目の当たりにし、理不尽な死を与えられ非業の最期を遂げた人々の被災現場を心に刻んできた災害ボランティアです。災害ボランティアはその無念を

47

1　現場に立って悼む人になれ

背負った上で、地元でその覚悟を会活動として活かすことができるからです。そしてさらに、被災地の教訓をふまえて活きた防災ができるからです。

被災地で学んだことを地元で活かす、防災訓練です。被災者の無念を背負って防災に活かすことはできないでしょうか。たとえば、防災訓練です。毎年実施する防災訓練はワンパターン、マンネリ化して、各戸から参加するのは、その家の代表者たった一人というのが通例です。避難と考えず参加と考えるからの結果ですが、避難訓練として家族中で避難するだけでも全く違います。外出していたら家族とどのように連絡を取ろうか、それ一つだけに取り組んでも、とてもいい被災後想定訓練になります。すなわち被災前にできる活きた防災訓練になるはずです。

被災地では、家族との再会、家族の安否が、震災直後の最大の心配事でした。そのことへの想像力、その対策を家族それぞれで話し、その情報を地域としてまとめられるが、防災訓練のテーマにもなり得ます。想像をたくましくして想定を増やしておく。災害は昼間のこともあれば、夜間もある。休日の場合もあれば、平日の場合もある。夏の暑いときもあれば、冬の寒いときもある。そして家族が一緒のときもあれば、バラバラのときもあるので、一つずつ想像しながら話題にし、対応を想定していくことが大切だと思います。

災害救援と防災を一体に考えることは、「にもかかわらずよく生きる」、被災者の生きざまや教訓を地元や地域に反映させることもできるという点です。現地のそのような人の生き方は、地元の地域が被災したときにも、心の支えの良き教訓となるはずです。めげるけれど負けない、こんなになっても生きていく、その生き方を学ばせていただく絶好の機会であり、災害救援に現地に行

ったボランティアは、そのメッセンジャーでもあります。
そしてさらに、被災地に立ったボランティアのほとんどは、その災害の生き証人として、生涯周りの人々に語ることのできる"切符"を持っています。生涯にわたって語ることのできる立場にあると同時に、使命を持ち生きていくことになります。時間が経つほど貴重な体験者として、発信しつづけることを、地元地域の防災に活かすことが、亡くなった人々の無念、被災した人々へのご苦労に報いることになるのです。
災害救援も防災も一体なら、防災も防犯も交通安全も一体と言えます。日常の防犯、交通安全と非常時の防災は、どちらも安全活動であることに変わりありません。そして災害ボランティアも安全ボランティアも、どちらも困っている人がいるとほっておけない人々です。思っているならやってみよう、やってみると、何をやればいいか普段気がつかなかったことがまたわかる、ということになっていきます。
防災を、教科書的内容にして研修、指導するだけでは、これもワンパターン、マンネリになり、3年もやれば必ず意識が下がります。しかも被災者発のメッセンジャーでなければ、自己流、自己満足となり、せっかくの被災者からの貴重なメッセージが届きません。災害ボランティアに課せられた大きな使命は、なんと言っても被災地からの教訓を防災ノウハウに活かし、さらに"いのちのメッセンジャー"になって、自分のみならず周りの人を昇華していくことが、この上なく大きな命題として課せられていると思います。その命題に向かうことが、防災を通して町を明るくすることでしょう。そしてまた、日本を元気にできることだと思います。

1　現場に立って悼む人になれ

防災教育 災害救援と防災は表裏一体②

市内の小学校などで、防災教育の機会があるとよく見せるのが、大川小学校で亡くなった子どもたちのランドセルの写真です。そのランドセルの中には、交通安全という文字が入っているものがあります。学校の行き帰り、安全に行って帰って来てほしいという、保護者の願いをそこに見るようです。子どもたちのご遺体は見つかったものもあるし、未だ見つかっていないものもあります。見つかったにせよ見つかっていないにせよ、朝、家を出るときが永遠の別れになろうとは誰が思うでしょうか？ いつものように送り出し、また帰ってくるのが当たり前だと思っていました。でも、そうではありませんでした。ランドセルは帰ってきましたが、最愛のわが子がいません。自分の最も大切な宝物、かけがえのない子どもと二度と会えない。その悲しみ、つらさは、はかり知れません。

私たち「チームなかつがわ」は、当初から湊小学校との縁が深かったので、災害ボランティア活動は、湊小学校の中の片付けから始まりました。学校の敷地内が片付いてくると、外に出るようになり、地域の住宅のドロ出しや片付けをしました。その後、門脇小学校やその学区を見学する余裕ができ、さらには大川小学校とその学区を見学するようになりました。支援活動の途中から、親子参加での募集もかけ、子どもたちも同行していたので、子どもたちにとって大事な場所である小学校のうち、毎回この3校に立ち寄ることにしています。

50

石巻震災エキスプレス

門脇地区には、「がんばろう石巻」の大看板が立っています。ここで、中津川のある子どもが、がんばろうの「ろ」の字のところに注目したのでしょう。小学生なりに自分の覚悟を示してくれました。突然の非常時に、混乱し避難行動も十分できず、残念なことに子どもたちも先生も、なす術なく逝ってしまいました。私も、小中学生の3人の子どもがいる親として、子どもが誰か一人でも欠けたら気が狂うほどの衝撃のはず。ましてや子ども全員を亡くした親の悲しみは、いかばかりでしょう……。被災地にはそのような親がたくさんいます。大川小学校の保護者もそうです。

大川小学校の校庭には、宮沢賢治の言葉と、子どもたちが書いた世界の子どもたちが手をつないでいる絵が描かれたモニュメントが建っていて、震災で一部破損しましたが、今も残っています。

そこには、「世界がぜんたい幸福にならないうちは個人の幸福はあり得ない」という宮沢賢治の有名な一節が書かれています。私はこれを見て、「子を亡くした親の悲しみが癒えないうちは世界の幸福はあり得ない」と言い換えたいという思いに駆られます。また震災から1年もする と、校庭の一角に、亡くなった人の名前を記した慰霊碑が建ちました。名前と年齢が書いてあります。見ると子どもがいかに多いか、また兄弟でなくなったケースがいかに多いかがわかります。そして学校裏手の住宅に住んで、津波に巻き込まれて亡くなったお年寄りがいかに多いかが

51

1　現場に立って悼む人になれ

わかります。自分の子どもを亡くし、そして同時に自分の親を亡くした人も多いと思います。自分の子どもが、今日も無事家に戻ってくることを願わずにはいられない。朝行ってきますと言って出て行った子どもたちが、当たり前のように「ただいま」と言って帰ってくるまで。子どもの顔を見、子どもの声を聞いて、ホッとするのが親。その親の願いをもう一度再確認するために、防災教育では、「無事帰る、無事帰ろう」を、親にも子どもにも意識していただくよう、キーワードとして話をしています。子どもには、家にいるときや学校にいるときの安全対策とは別に、登下校中の子どもたち自身、あるいは子どもが一人の時に「危険予知力」や「危機回避力」をつけるように説明しています。もちろん子どもが一人で、家にいるときも同じです。災害は普段はありませんので、防災は「想像力」を育てる絶好の機会です。この3点を目的として、災害前の防災教育、災害後の被災教育、いわゆる非常時教育をするわけです。もう一つのキーワードは、平時の防犯、交通安全、変質者から身を守る術も、根っこは一緒ですので、あわせて「安全教育」という枠組み、その観点でお話しします。本会ではそれを総称して、「防災いのちの授業」と命名し市内小中学校で出前講座をいたします。子どもと親が一緒に聞くパターンもあり、PTAなど親の集まりだけでお話もいたします。

「無事帰る」が、いつもの主題です。そこではいつも大川小学校の子どもたちが残したランドセルを見せ、そこから想像していただいています。そして親の悲しみを少しでも共有できるように、お話を紡ぎ、亡くなった子どもたちの無念と親の悲しみを背負って、その親の代わりに語るようにしています。

52

石巻震災エキスプレス

あなたがこの子の親だったらどうでしょう。どんな思いで毎日生きますか？ 親であるお母さんお父さんの、自分自身や我が子の平安な日々が守られ、安全に毎日おくれるよう、それを第一に考えましょう。そして、そのためには何をすればいいか考えませんか？と。

そして具体的な話、防災ハウツーやテクニックへと進みますが、それは忘れても、主題である「無事帰る」だけは忘れず、記憶にとどめておいていただくように、お話の「無事帰る」をもじって、「無事カエル」シールもつくり紹介しています。絵のカエルのバックが富士山となっています。そして富士山の横に、点点がつけてあります。フジに点点で、ブジとだじゃれてカエル君がニッコリです。この「無事カエルシール」をランドセルに貼って、毎日目にすることで、安全の意識啓発と安全意識の持続ができればと願っています。

ランドセルに貼ってあれば、子どもが自分で見るだけでなく、トモダチと一緒に歩いている時、友だちのランドセルに貼ってある「無事カエルシール」も見ることができ、効果が倍増するでしょう。製作した市民会議の思いの原点は、繰り返しになりますが、大川小学校はじめ、今回の震災で理不尽にも死亡した子どもたちへの追悼があります。そして、学校で子どもを亡くした親の計り知れない底なしの悲しみ、ぶつけるところのないその無念に対して、私ができるささやかな活動として、このようなシンボルに集約させていただきました。無事帰ってきてね。無事帰ってくるんだよ。何かあってはいけないが、何かあっても自分なりにいろいろ考えるんだよ、そして必ず、帰ってきてね。必ずだよ。

1　現場に立って悼む人になれ

防災活動　災害救援と防災は表裏一体③

　市民会議では、市内のお年寄りの住む家の安全対策を進めています。人間は誰でも年を取ってくると、足腰が弱くなり、動くこともおっくうになります。従って、部屋の中は、できるだけ手の届く範囲のところに多くのものを置きたいと思うようになるし、さらには、昼も夜も場所を変えないで、寝室も居間も同じ場所ということもあります。つまり、どうしても自分が物に囲まれた中にあるということになります。それは、防災上から見ると、大変危険度が高いと言えます。

　それらはお年寄りめがけて倒れることになり、幾重もの家具の下敷きになりやすい。部屋にいる人間の安全対策は、その家具を部屋から出すこと、それができなければその部屋から人が移動して他の部屋で生活すること、それもできなければ、つまり家具も人も移動できなければ、そこで初めて、最後の手段として、家具を固定して家具が転倒しないようにするものです。しかし、固定したからといって完全とは限りません。想定以上の地震の揺れが来たときには、留め金が外れて家具は転倒するでしょう。ですから家具を固定するということは、逃げるまでの時間稼ぎと考えるべきです。

　その固定方法は大きく分けて三つあり、一般的なのはL字金具で止める方法、チェーンで止める方法、ベルトで止める方法ですが、L字金具で取り付ける方法です。後ろの柱に止めて

54

石巻震災エキスプレス

（後ろに柱のないときは、柱と柱を結ぶ板を当て木に使い、それを柱にまずビス止めして、タンスをL字金具で当て木と止めます。このときタンスの上面にも穴をあけることは必須で、どこのタンスにもそう書いてあります。しかし、タンスの上にも別の当て板を伏せ、L字金具でその板をビスで止めれば、板を固定することができ、つまりそのタンスは板の面圧で転倒防止できますので、タンスには穴をあけなくてすみます。この方式で固定する効果は、直接タンスをビス止めするのと同等か、それ以上の効果があると考えています。

これは市民会議で考案したので、『市民会議固定方式』と呼び、活用しています。

「被災地の活動、生涯忘れない」（２０１１年９月５日付　中日新聞）

宮城県石巻市における「チームなかつがわ」の８月のボランティア活動は、１１人の小中学生が保護者とともに参加、総勢５８人となった。

目的は被災地を肌で感じ、その体験を胸に刻むこと。避難所となっている小学校で子どもたちは被災者夫婦の体験談に息をのんだ。また校長先生に震災当日やその後の生徒の様子を聞かせていただいた。

そんな折、震度５弱の揺れがあり、一同ビックリ。翌日には激甚被災地区でいまだ手つかずのまま、焼けただれた小学校を見学し、言葉を失った。

子どもたちは中津川市民から託された大量の野菜や米を被災者に配布するのを手伝い、五平もちを焼いて手渡したり、教室にいる被災者に注文を取りにいったり配達したりと、実によく動いた。

55

1　現場に立って悼む人になれ

地域防災訓練 災害救援と防災は表裏一体④

防災訓練は、可能な限り地域の指定避難所で行うのが望ましいです。なぜなら、そこが非常時には、生活の場所になるからにほかなりません。被災し避難する季節や時刻にも対応して、少しでも利便性をよくするために、年に一回はその場所に立ち、問題点を話し合い改善していくのが、より現実的です。

防災訓練には、テーマ性を持たせた上で、3パターンを用意するとよいでしょう。例年行うう義務的な訓練（消火、救急救命、避難）のほか、1年目は地震、2年目は水害（含む土砂災害）、3年目は情報、というように特化したものを学ぶ訓練計画を立て、それに集中した訓練を行います。3年経ったらまた繰り返し、そのときは前の訓練を復習した上で、さらにレベルアップしたものを行います。

防災訓練に出ない人、出られない人にこそ、ぜひ参加してもらう方法として有効なのが、現実

さらに、津波の名残で残ったままになっていた一階廊下の壁の汚れ拭きから校庭の草むしりまで、親と一緒にこなすなど大活躍だった。

子どもたちには生涯忘れ得ぬ体験となったことだろう。また、死者や行方不明者、被災者の無念を無駄にしない生き方を、自問自答していく課題も与えられたと思う。

56

石巻震災エキスプレス

的な訓練です。問題はその中身ですが、一例としては、指定避難所で行う防災訓練。指定避難所には、訓練ですから車で乗り合わせて行けばいいわけで、寝たきりの高齢者、病人、障害者なども家族や隣近所の人が助け合って、軽トラックの荷台にベッドを載せてみれば、さらにリアルです（被災すれば、現実にそのようなシーンがありえます。軽トラックの荷台にベッドを載せてみれば、さらにリアルです）。声を掛け合って、地域の住民のできるだけ多くが指定避難所に行くだけでメイン訓練となります。

避難所に入り、そこにいると、この地域の住民だけで避難所がいっぱいになることに住民自ら気がつくことになります。ここで果たして何日も何十日も生活できるだろうか、少しでも快適に生活するには、どうしたらいいか……と。しかも指定避難所には、他地区からもあるいはたまたま通行していて被災した外部の人も、そして園児、乳児、妊婦はもちろん、ペットを連れている人だっているでしょう。

また、食べること、横になること、トイレはどうするんだろう？と各自が自身の問題として自分の頭に問題提起をしてくれれば、防災訓練の目的は達したと言えます。

・感想文の一部

落合小学校　防災いのちの授業（2013年11月11日）

「えいぞうを見て思ったこと」井出　凛

わたしは、加藤さんがとってきたえいぞうをみて、思ったことは、二つあります。一つは、津波

でいきのこった人の子どもの人のことです。わたしたちが住んでいる落合は津波がこないから安全だけど石巻に住んでいる人は、前、津波で助かった人は今も津波がいつくるかわからないから心配でそのながされてしまった人のことも思っているからそのことがかわいそうだと思いました。二つ目は、家族のことです。3人も子どもがいたのに津波で3人も亡くなってしまった人がいて、もし、そこのお父さんかお母さんだったらかなしくてしょうがないと思いました。だから、わたしは、命をたいせつにしたいです。

「いのちのじゅ業をうけた」ほっ田かな人

ぼくが、加とうさんの話を聞いて心に一番残ったことは、大川小学校の１０８人中74人がなくなったことです。親の人たちや生き残った人たちは、親の人たちは自分ががんばって産んで一生けん命育ててきたたいせつな子なのになくなってしまって、生き残った子たちは、友達がいなくなってしまったから、かわいそうだと思いました。テレビとかでみていてもいつもぼくは、こんなふうになりたくないと思っています。ぼくの家の方はつなみはこないけど、山がおおくてどしゃくずれがくるから、きた時のことをかんがえて、本当にきた時に、たすかりたいです。ぼくは、これから、命の授業や号区のくんれんをしっかりふざけずにやって、本当にじしんがきたときにくん練でやったことを思いだして、おちついて行動がしたいです。

「石巻の災害と落合のボランティア」市脇なお

私は、加とうさんの話を聞いて、東日本大しんさいを思いました。津波がきて、にげたり家などにとりのこされている人をニュースで見ました。わたしはそれをみて、たくさんの人が死んでしまったりしてとてもつらいことがおきたと思いました。でも加とうさんのようにすぐ地に行ってひなんしている人のすがたもテレビなどでみました。私はすぐ行動して、みんなのためにがんばっている人たちはとってもすごいと思いました。でも石巻の大川小学校では１０８人中74人も死んでしまいました。加とうさんはとってもすごいと思います。加とうさんは説明するとき泣いていました。私も聞いてて、とっても悲しかったです。私と同じくらいの人が何人も死んでしまったと聞いたからです。私はこれから、加とうさんのように、人と協力して、いやなことがあっても、がんばってにげないようにしたいです。

無事カエル（５年２組担任　林美沙子）

先日はお話を聞かせていただいてありがとうございました。
５年２組の子どもたちはランドセルの山と、加藤さんのお話ぶりから、命の尊さをしっかり感じることができていたようでした。
学校に勤める者として、大川小学校の惨事はひとごとではありません。職員が引率していながら、大勢のいのちが救えなかった事実から、私たちは学ばなければなりません。
石巻には私も今年の夏、観光者として行ってきました。
加藤さんのボランティアとしての取り組みや落合の子どもたちを守って下さる取り組み、そのお

59

1　現場に立って悼む人になれ

鎮魂。無念を生きる

2011年3月11日以前と以後、私の心は一変しました。

それは、私一人ではなかったと思います。

それだけ、大きな大きな試練をいただきました。大正12年（1923）9月1日の関東大震災、昭和20年（1945）6月23日沖縄、8月6日広島、同じく9日長崎、同じく15日戦争終結、平成7年（1995）1月7日の阪神大震災。そのあとの東日本大震災。それら人的または自然の大災害が起きたとき、その現場に立たされた人々、遠くにいても被災に思いを馳せた人々。その人々は、みなそう感じたと思います。それは、西暦を分けるBC（Before Christ 救い主以前）とAD（Anno Domini 主の時代）と同じぐらい大きな日本の節目となりました。とりわけ、記憶に新しい東日本大震災には多くの人の魂が揺さぶられ、私たち老若男女の全てが、同時代人として遭遇することになったと言えます。

考えや行動力に頭が下がります。

自分のできることは何かを、私自身に問いかけてみました。そして、仕事を通して、子どもたちに「考え、判断し、行動できる力」をつけていきたいと感じました。

運良く被災を免れた私は、「私たちでもできることを！」そんな思いで、できる範囲でできることをしよう。しかし「全力でやろう」と、これまで被災者支援に取り組んできました。それは、自分だけの限られた一人の力ではなく、他の市民のできるだけ多くの方にお願いし、みんなの力を集め、市民みんなの思いをまとめ、市民みんなで行動するカタチをつくり、被災地の市民をできるだけ支えて、その市民に応えようとするものでした。そう決意して、災害安全ボランティア活動をやってきました。しかし、人間のやることですから目的はぶれずとも、手段でときに強引だったり、進みすぎたり、優先順位を間違えたりします。それでも地方都市での市民参加型災害安全ボランティア活動の最大の誇りは、「チーム市民」で楽しくまとまれる点、活動先で被災者からの生活臭いっぱいの個人的な「細かいニーズに応えよう」と対応を具体的に考える点、そして何より手慣れている共同作業の「町内会的組織的活動」がすぐできる点などいっぱいです。私は、その段取り雑用隊長でしたが、それでもたくさんのスタッフに恵まれ、支えられ、みんなして汗をかき、今日に至っています。

市民会議には、こんな一面もあります。ここ中津川市では毎月一回、中心市街地で六斎市という市が立ちます。私たちは、そこでワカメコンブ屋さんの店を出しているのです。震災前に、まさかそんな楽しいことをするなんて、メンバーの誰も、想像すらしなかったことです。東北の海産物を販売すれば、わが町の市民と東北の市民を食で結ぶことができます。そして復興支援となります。さらには、震災を風化させない一助になります。もちろん、海から山に美味しいものを直接お届けすれば、喜んでもらうことができます。私たち中高年の元気を市内の市で、毎月ふりま

61

1　現場に立って悼む人になれ

いて、市民を元気にし、市民からも元気をいただいています。それは、私たち自身が何回も足を運んだ被災地で見たり聞いたりした、たくさんの被災者の無念を忘れず、被災地とつながりつづける活動です。つながり続ける活動は、どこでなにをやっていても、困っている人がいたらほっておけない、そんな気持ちを高めます。毎日毎日の日々、何かあるとボランティア。時間が少しあると、気楽に日常生活的ボランティア。そんな心へと、自然に昇華していけばいいと思っています。やらんでもいいことを、自分の意志で、身体を自然に動かしはじめています。振り向けば、後ろで被災者のあの笑顔この笑顔を感じて。無念の死の悲しみを感じて。

今回、東日本の震災を身体に例えるなら、怪獣に身体の横腹を食いちぎられたのと同じでしょう。のたうち回る身体が見えます。同時に起きた原発事故は、その弱った身体の心臓につき刺さった毒矢。血はたらたらと流れ続け、いまだ刺さったまま。さらに瀕死の混迷が続くのが見えます。それは現実で、終わらない現実ともいえます。

震災による理不尽な死、予期せぬ死、そして思っても見なかった不遇を目の当たりにし、私たちは覚悟でなく、覚醒しなければならない時を迎えています。単に頭を垂れているときではなく、生き方を変えることしかできませんが、眼を開いてより深く見、顔を上げてより遠くを見、足下の立ち位置と心を、じっくりと点検する時が与えられました。向き合い、修正する力が、私のために与えられました。それが、かの人への鎮魂となりはしないでしょうか。

無念！ 無念！ 無念！ あの人々の無念を、私が生きる。

私の生の中で、その無念をいただく。私はそんなふうに、自分の生に反映させ、己の生を全うしていきたいと考えるようになったのも、災害安全ボランティアのおかげなのかも知れない。(二〇一四年八月一五日)

「官民協働の支援、2年目へ」(2012年4月11日付、朝日新聞)

宮城県石巻市に、中津川市民のコメや野菜を毎月運ぶ私たちへ、被災者から声が飛びます。「ホントにありがと。今度いつ来る?」

中津川市防災市民会議は、震災後ただちに市と連携し、市民公募によるガレキの片付けボランティア活動を開始、昨年八月で終了したのち、一二月から食料および生活物資支援活動に切り替え、今年三月で一年目の活動を終えました。

市民への呼びかけと運搬費用は市が協力し運搬と配布は市民会議が行う官民協働型。その上、自前のコメや野菜を持ち寄る独自の手法で被災地支援を組み立ててきました。農業に携わるものの多い田舎ならではの強味といえます。コメや野菜を提供していただくことで、支援の思いはつながり、自らの防災意識の向上にもつながります。

一方、被災地の市民からは、その活動を通して、今も気にかけてもらっている、つながっていると感謝されました。心のケアと構えるのではなく、市民同士、自然体でつながるお手伝い、そのパ

イプ役を自覚して支援してきました。二年目は、コメや野菜の増産を呼びかけたいねと話し合っています。

第3号　　　　　　　　　　　　　　　　　　　　　　　　発行　2013年6月30日

家の中での地震防災　家は倒れなくても、家具は倒れます！

　普段、家の中で長く過ごす場所には台所や居間や寝室などがありますが、特に寝室は就寝中に地震が起きても、すぐに動けないので家具が倒れてくると人が下敷きになり、命を落とす場合もあります。
まず対策として、以下のものがあります。

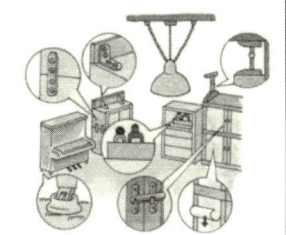

- 寝る場所を、家具が倒れても安全な位置に移動する。
- 寝る場所はそのままで、家具の向きを変えるか移動する。
- 上のどちらもできなければ、家具を金具やバンドで固定する。

（家具固定金具いろいろ）

台所や居間なども対策は変わりませんが、家具の場所は倒れた時に出入り口がふさがらない事が大切です。
扉が開かなくなったり、ガラスが割れて通れなくなったりしてしまうからです。

　　そして最も大切なのは、「○○したから大丈夫、と思わないこと！！」です。

　　　耐震したから大丈夫と、油断しないで家の中の安全対策をしましょう。

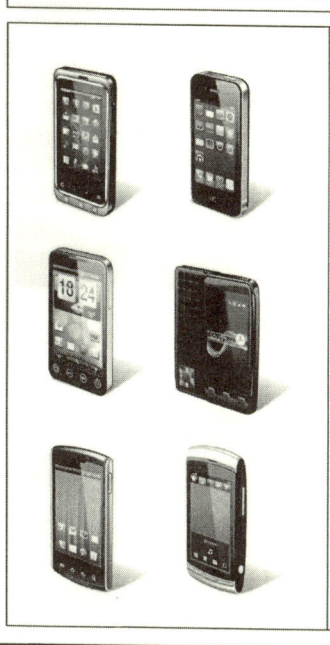

災害後に、最も頼りになるのはケータイ
あっても使えないと、不安100倍！

　災害に備えての非常時の持ち出し袋には、ケータイの**充電器**はありますか？
　特に、スマートフォン（通称スマホ）はアプリによって色々出来る代わりに、普通の携帯電話と比べて本体の電力をとても消費します。
　<u>ケータイ、スマホを持っているならソーラーや電池で、できるだけ大量に高速で充電できる機械を用意しておく事をおすすめします。</u>
＊車のシガーライターから、充電できる優れものもあると便利。もちろん接続コードがないと、何もできません。
＊あと増やして頂きたい品目として、**ラップとごみ袋**があります。ラップは紙皿に張り付けて汚れを防ぎ食器を洗う手間をなくしたり、緊急用の包帯代わりにできます。ごみ袋は合羽や敷物、水の緊急運搬用など複数の使い方ができます。＊豪雨水害、土砂災害には早めの避難。

1　現場に立って悼む人になれ

今日からできる大地震対策！ 家は倒れなくても、倒れた家具で命を落とすな

自分の命を守り、家族の命を守る。それで、初めて、避難できます。隣近所を助けられます。
そのために、家の中、つまり「部屋の安全対策」です。　子供や孫、親の部屋は大丈夫ですか？
大きな地震があると、揺れている間に、あなたが動けない間に、重い家具が倒れてくるかも。
（阪神大震災の時も家具の下敷き事故が多くあり、東日本大震災でも、津波が来る前に、地震で
　　　　　　倒れた家具の下敷きになった人が出ています。市民会議実態調査）
内陸直下型阪神大震災や中越地震で揺れていた時間は、20〜30秒。それに対して
海溝型の東日本大震災で揺れていた時間は、200秒以上！（独立行政法人防災科学技術研究所）
　揺れている間、動けるでしょうか？　揺れている間は、いつ終わるかわからない！

立ち上がれますか、外に逃げることができますか？
もう止むか、もう止むかと、いつ終わるかわからな
い揺れが止まるまで、ジーッとしていませんか。
そのジーッとしている間に、家具が倒れてきたら？
　くりかえします、あなたが横になっている時、
　荷物でいっぱいの重い家具が、倒れてきます！
家具が倒れてくれば、下敷きになり、
　　下敷きになれば、大ケガ、時に圧死。
　　　　先に来るのは、助け手？、火の手？

そこで先ずは、寝室の安全対策１２３
1、家具の向きを変えたり、家具を移動しましょう　　　　（家具の移動）
2、寝る場所を、家具のない安全な部屋に変えましょう　　（人の移動）
3、上のどちらもできないときは、最後の手段として、家具の固定があります

この方針に従って、市民会議「部屋の安全対策ボランテイアチーム」が
地域や皆さんから依頼されたお宅にお伺いし、部屋の安全チェック調査。
そして、個別の状況を考慮した上で、安全対策プランを作製して、提案。
実施については、相談し了解をいただいた上で、地域協働で家具の移動や固定のお手伝い。

家具の固定について
L字金具を使って、背面の柱と家具を固定します。
でも、大切な家具に穴をあける欠点がありました。
そこで、家具を傷つけない方法を考案しました。

<<家具固定　市民会議方式>>
家具の上面に板を乗せて、その板と背面の柱や板を、
L字金具で固定します。そうすれば、桐のタンスでも
大切な家具に穴をあけることなく、傷も付けず、
家具の転倒を「面」で押さえることができます。

タンスの　　　　　　と、背面に固
定した板を　　　　　で、固定します。

中津川市防災市民会議では、2004年以来の被災地支援や被災者との交流を元に、その悲しみ、
その教訓を背負って、構成した現実的地域防災、学校防災を中津川市民の皆様に提供しています。
東日本大震災では、中津川市民災害ボランティアをこれまで500名以上、石巻に派遣しました。
また災害研究の一例として、市民会議は避難所/仮設住宅生活実態調査を実施し、300名近くの石
巻市内被災者から協力をいただくことができました。整理分析後、報告させていただきます。
　12月の被災地支援活動では、多くの皆さんから心暖まる物資を預からせていただきました。
ありがとうございました。石巻市の被災者に手渡し、とても喜ばれました。次回支援活動は春！

石巻震災エキスプレス

2 「チームなかつがわ」です、よろしく

「東日本大震災ですか、出しましたよ募金」。誰もがそうでしょう。そして人は言う、

「そのお金、どこでどのように使われたのか、全然わからない」

市民団体側でも、

「募金集め一回二回はやれたが、三回目はね。単純に、同じ繰り返しはできないなあ」そんな事例は、結構多いのではないでしょうか

市民にも市民団体側にも、継続支援したい気持ちはあっても、どこで何をしていいのかわからない。

そんな不安や不信を少しでも減らすため、市民会議はいろいろアイデアや企画で、市民に協力のお願いをしてきました。市民はそれに応えて一つ一つのカタチが実を結び、それらがつながって、自然に継続してきました。

そして定点拠点支援で、同じ地区地域での活動です。被災市民との人間関係を大切にして、互いの信頼関係を構築し交流を深めました。

支援でいつも最優先しているのは、自分たちが被災した時、その時にしてもらいたい支援は何かなと考えることです。そして、自分たちの町だからこそできる支援は何だろうと考えた結果、自分たちの居住する町の市民がつくった農産物で支援する、そのことを定着させ、市民なら誰でも支援できる方式をつくったことです。被災地に行かなくても、お金じゃなくても支援できます。家の前の畑から支援できます。私たちが住む地方都市だからこそでき

68

石巻震災エキスプレス

公募民活システムで市民の組織化ができた

市長から一本の電話が、入った。「石巻に行ってほしい」市内加子母に進出し合板工場を立ち上げてくれた（株）セイホク、その社員が技術指導のため石巻から来ている、市長はそのことが頭にあったようだ。

その一言から全てが動き始めた。震災の翌日12日には、市幹部と中津川を出発、一路石巻に向かう。そして市民会議から市に、防災一斉メールをつかったボランティアの公募を要請した。その結果、一般市民60名、市職員66名の手が即座に上がった。一方我々は、13日未明に石巻到着。

る支援を行政が理解し協力して、防災メールによる日時場所指定の、物資持ち寄り態勢ができてきたこと。物資は米野菜を中心に、ティッシュやトイレットペーパー調味料などの消耗品、冬場はこれに使い捨てカイロなど臨機応変に対応し追加します。

それを私たちが責任を持って被災地に運び、被災者に手渡しすると、被災者は自分たちで仕分けし、配布する態勢もできました。

定点での継続支援は、被災者から直接のニーズも生まれ、それに合わせて支援することも考えます。やっていくうちに、理想的で間違いのない確実で安心な支援に近づき、相互理解は深まり、両市民の互いの絆は強くなっていきました

2 「チームなかつがわ」です、よろしく

連続継続システムで支えた支援

灯りなく、人なく車なく、まるで時の止まった世界だ。蛇田から先の中心市街地は水没して行けないので、蛇田支所、日赤病院で情報収集。一旦中津川に戻り報告し、17日から再び石巻へ先遣。15日に立ち上がった、石巻専修大学内災害ボランティアセンターで石巻市社協と接触し打ち合わせ。担当者から、スタッフとボランティアチーム派遣を要請される。中津川に帰り調整し、活動チーム第一陣の態勢ができ、出発したのは、震災から13日後の3月24日。

その前日には市職員チームが、ボランティアのために、大エアーテントを大学の所定場所に設置してくれたが、夜間の積雪で潰れ、復旧後、昼間の強風で飛ばされ、壊滅。宿を失ったボランティアは被災者同様で、宿泊場所を探すことに。社協の指示で行っていた活動先の湊小学校避難所、そのリーダーに相談し、お願いしたところ快諾され、本当にありがたかった。この時には、ここが後に常宿場所となるとは思っていなかったが、この湊小学校避難所は「チームなかつがわ」にとって石巻の故郷、活動拠点となっていった。市一斉メールで集まった公募ボランティアは出発前に市民会議が研修した上で、現地入りし組織的活動を展開する。中津川自慢の、官民協働支援方式石巻版の始まりである。

（以下、宮城県石巻市の地元紙「石巻かほく」掲載コラムより）

ボランティア活動は息長く、それが基本だ。特に大震災では、カギとなる。限られた数の会員・公募市民・市職員有志の混成チームの現地活動効率化をはかるために考えたのが、分割連続支援方式。120人の人数を6班に分けて、細切れに派遣。ボランティアバスで一隊を乗せて出発、現地についたら活動を終えた一隊と交代させ、帰りのバスに乗せて帰ってくるという方式で次々につないだ。先陣となる第一次隊は私が隊長を務め、現地の調整と地ならしをして、後続部隊に引き継ぐ。六次隊まで、人が変わっても内容は引き継ぎ、4月前半まで連続性と整合性を実現させた。その後は、毎月支援方式に切り替えて継続。参加者は全員、ボランティア保険に加入した上で中津川を出発する。石巻では、社協事務方のご好意で、かなり自由に自主的に活動をさせていただいた。このことが、信頼提案調整型の現地現場力をつける絶好の場となりました。

片道750キロを10時間かけて、ボランティアを派遣し続ける。一人でも多く、一日でも長く！震災救援活動、やるのは今でしょ！今やらなければ、いつやるの？そんな信念で、会を引っ張り、市を叱咤激励していました。

5月は、中津川市建設業協会とコラボし、石巻市まちなかプロジェクトに参加。重機2台、ダンプ3台、トラック2台と土木ボランティアを出していました。一般ボランティア54名とあわせて70名態勢で臨みました。

参加したボランティアからの手紙の一部『体育館にご飯を食べにきてた小学生の男の子があの日彼が湊小学校の3階から見た光景を教えてくれました。夜遅くまで避難所の人から震災の話を聞きました。中には、家族、家、仕事の全てを失った方もいらっしゃいました。その方達が見た

71

2 「チームなかつがわ」です、よろしく

遺体の多くは指は何かつかむように、手は挙げていたということを知りました。亡くなった方、最後の最後まで必死に浮いているものをつかんで水から出ようとしていたんですね。貴重な話、一生忘れません。』

ヒトモノ一体システムで支えた支援

市民会議事務局はこれまで市の防災担当課で、災害救援活動は協働でおこなっていました。震災後しばらくで事務局は後ろにひいたが、市には、よく協力していただいた。市民会議は2013年7月から、完全自立型となったとはいえ、まだ市の理解をいただいています。例えば、市の防災一斉メールで、広く一般市民にボランティアや支援物資の募集を呼びかける。3月4月はボランティアが、片付けの救援活動にかかりっ切りで、他の余裕は全くありませんでした。しかし5月になると少し余裕もでき、救援物資をトラックに積み、ボランティアをのせた大型バスと並走させることにしました。現地に運搬し、直接配布するシステムにしました。また物資は現地と救援物資、人とモノをセットにして、現地の支援を一体でおこないました。ボランティアと救援物資、人とモノをセットにして、現地の支援を一体でおこないました。自分は行けないが、自分の代わりに自分のコメや野菜などで被災者を支援したい、そんな気持ちを持つ市民がたくさんいます。コメや野菜で支援できるシステムです。今日まで5000人以上の市民参加となりました。

4トントラックに積みきれないほど多くのモノ、モノ、モノ。市民の関心の高さと、困っている人がいるとほっとけない精神の持ち主がこんなに多いとは。中津川市民の心意気とパワーを感じさせていただきました。

一体支援と、持寄り支援は定着し、現在なお継続中。それに加え、現地で炊き出しもおこないました。豚汁などの定番の他に、これまでに餅つき、ぜんざい、焼芋など。中でも群を抜いて回数と評判の高いのが、五平もち。岐阜の特産で、中津川市民がみんな大好きな五平もちは、石巻の市民の皆さんのお口に合うかしら。心配ありませんでした。準備も慣れてくると、ご飯を団子型に握ったり、焼いたり、地元の人がお手伝いをかってでてくれました。みんなでつくって食べて、みんなでワイワイがやがや。いいね！

拠点支援だからできた子ども支援

中津川市防災市民会議（チームなかつがわ）は、ご縁の湊小学校避難所にずーと関わってきました。ガレキで覆われ、車まで突っ込んでいた小学校の図工室、その部屋を一日の災害ボランティアチームが一日の活動を終了しても帰らず、その避難所で寝泊まりすることは、普通ありませんが、ありがたいことでした。それは、遅れの里帰り卒業式ができ、感激でした。地域へ片付けに出て行く時期になっても、続きました。おかげで活動後の夜の長い時間、避難所

73

2　「チームなかつがわ」です、よろしく

竹トモプロジェクト（養殖竹支援）

の人たちとますます交流できたのはいうまでもありません。毎回毎回ここへ来て、作業し、ここから出かけ、ここに戻る。ここで食べて、寝て、ここから中津川へ帰る、そんな繰り返しでした。愛着がわかないはずがありません。活動は、「チーム神戸」と連携しました。

湊小学校の子どもたちは、住吉中学校で授業再開した。その子ども支援のため、中津川ＦＣジーベックからサッカーボールのプレゼント、市内小中学校から激励メッセージや花の球根を届けた他に、山口黎明太鼓、グループ土着民から歌のプレゼントなどをおこないました。当会からはチャリティ映画の収益金で子どもたちを中津川に招きたかったけれど収益が足りず、湊小学校に寄付金として贈呈、また卒業式に辞典を贈呈するための募金を中津川で展開し、湊小と湊第２小学校に寄付しました。そして中津川の子どもたちを一人でも多く、被災地から学んでもらおうと、親子参加企画も実施。また平成25年6月には被災地へ修学旅行、それが中津川市立坂本中学校で実現しました。市民会議がやってきたことを踏襲し、物資配布、五平もち炊き出し、交流など、岐阜の136名の若いいのちが被災地で学ぶ、そのお手伝いをさせていただきました。

どこにいても子どもは誰いも、未来からの贈り物。中津川の子どもたちが生きている限り、語り部となる貴重な学習、心に刻まれた交流だったと思います。

74

石巻震災エキスプレス

2012年3月29日付石巻かほく新聞に、養殖竹支援の記事が出ていました。それを見て、竹で支援できることを知りました。竹は山にいくらでもあるので、私たちの地元でもやれないか、と思いました。しかし岐阜県中津川市から石巻市までの距離が長い事、そして運搬車両の手当と運搬経費をどう捻出するかの課題を克服しなければなりません。まずは宮城県漁協の石巻湾支所に問いあわせてみた。そうしたら、まだ竹は欲しいとの事だったので、現地に打ち合わせに行きました。竹を立てたり浮かべたり、カキ養殖での用途はいろいろあることがわかりました。長さは9m、種類は真竹がよく、量は何本でも欲しい、多いほどいい。竹は2年間使用し、1年毎に半数ずつ更新するとの事でした。

そこで再度議論と調整の結果、中津川はタケノコの産地でもあり真竹はとても少ないので、孟宗竹にしていただきました。後は、どの地区の竹林にするか、

中津川の竹を石巻へ

養殖いかだ再建にひと肌

防災市民会議 参加者を募集
あす 伐採

東日本大震災で壊滅的な被害を受けた宮城県石巻市の養殖業を支援しようと、中津川市民による同市防災市民会議が十九日、養殖いかだに使われる竹を市内で伐採する。作業に参加するボランティアを募集している。

「震災を忘れていないというメッセージが大事だ」と語る中津川市防災市民会議の加藤吉晴代表=中津川市で

（平野誠也）

は二十二～二十三日に石巻市で支援活動をする予定で、その際に持って行く米や野菜、スイカを二十一日午後四〜六時に市役所近くで募る。活動費用の寄付も求めている。

加藤さんは「震災から一年以上過ぎたが、生活状況が好転していない人は多い、被災者は忘れられていく寂しさを感じている。何が、養殖業を支える竹や食料の支援は、『忘れていないよ』という絆づくりの新聞で知り、現地の漁協に打診した。

今回は、代表で歯科医師の加藤吉晴さんら中津川市議会の市民五十二名でつくる市民会議は、震災直後から石巻市で情報収集や被災地の片付け、食料や物資の配布、炊き出しなどを続けている。

十九日は午前八時に同市潮戸の潮戸八公民館に集合し、周辺で三百本を切る。枝を切った長さ九ばにそろえて二㌧車などで搬送する。市民会議の協力を得る。

参加希望者は加藤さんへの事前連絡は加藤さん。電090-54）8010＝へ。十一日に十㌧トラックで搬送する。

「中日新聞」2012年月18日付記事

75

2 「チームなかつがわ」です、よろしく

竹を山から道路まで、出しの良い場所を選んで絞り込みました。伐採は、会員の市議会議員の協力をいただき、所有者の許可を得ました。その後、竹のマーキングと、竹切りボランティアの募集。払った枝の始末、片付けの手配調整もして、8月19日朝8時集合で30人ほどの市民の手により、伐採開始。暑い中ヤブ蚊とも戦い、一同大汗の吹き出る大活躍で、半日で240本を一気につくりあげました。枝葉の始末はNPO法人恵那山みどりの会の協力でした。運搬については、地元営林署関連の木曽官材のご好意でトレーラー車を手配して下さり、燃料高速代は市民会議でもつことで、なんとか実現のメドが立ちました。

晴れて8月21日中津川の竹たちは、宮城県石巻に向け出発し、翌早朝万石浦漁協のカキ養殖場に無事到着いたしました。がんばれー、中津川の竹たち！山から海へ！

「石巻かほく」2012年8月23日付記事

石巻震災エキスプレス

花トモプロジェクト（花支援）

石巻に花を咲かそう、そんな発想から出たのが、花トモプロジェクトです。2012年秋に企画しました。500円で春に咲く花の球根セット2袋を中津川の市民に買っていただき、1袋は自宅用でお持ち帰り、残りの1袋にはメッセージを書いてもらい、私たちが預かります。それをまとめて、石巻に持っていき被災者にお渡しします。花で被災地支援、花で被災者とトモダチ、それを目的とした花トモプロジェクトです。花袋の中には、市内のタネ屋さんに協力してもらって購入した、チューリップ、スイセン、ヒヤシンスが入っています。

3ヵ月半の運動期間で市民500名の方にご協力をいただき、その年の12月石巻に持って

「中日新聞」
2012年12月16日付記事

花の球根500袋集まった
中津川の市民団体 22日、石巻で手渡し

東日本大震災で被災した宮城県石巻市の春を彩ってもらおうと、中津川市防災市民会議が会員を筆頭に募った球根の袋が、中津川市のボランティア団体・中津川リリップなどの球根を合わせて、目標の五百袋に達した。二十二日に石巻市で、被災者と支援者とともに手渡すことにしている。

震災以降、石巻市への支援活動を続けてきた同会議は、「たくさんの市民に協力してもらい、被災地に協力の気持ちを思いやる気持ちの熱を届けたい」と話している。メンバーらは二十一日午後一〜二時に市役所知多ふれあいセンター（付知）に集合、同日午後四〜六時に中津川文化会館で住民に球根や地震、防災の木綿（かやの木）でそれぞれ集める。問い合わせは加藤代表・電話０９０（５４５４）８０１０へ。

球根のさなえ「咲いた」と託して幸せを祈り、使い捨てカイロなどクリスマスプレゼントにする。「来年の春を楽しみに、遠くで幸せを祈っています」などと購入者が書いたメッセージを添え被災者へ贈る。門松、菜、米や切り餅、野

メンバーらは二十一日午後一〜二時に市役所知多ふれあいセンター（付知）に集合、同日午後四〜六時に石巻市の仮設団地、時には中津川文化会館で住民に球根や地震、防災の木綿（かやの木）でそれぞれ集める。問い合わせは加藤代表・電話０９０（５４５４）８０１０へ。
（平野誠也）

き、その年の12月石巻に持って

77

2 「チームなかつがわ」です、よろしく

「石巻かほく」
2013年2月8日付記事

"笑顔"咲かせて
岐阜の中学支援　湊中に花の種届く

　石巻市湊中（石母田誠校長、生徒176人）に本中（可知達也校長、生徒425人）からメッセージを添えた花の種が届いていた。
　坂本中は、スローガン「思いやり」を掲げており、被災地を思う温かい気持ちがあり、「被災地の方たちのために自分たちができることがありたい」とお礼を述べ花の種はコスモス、マリーゴールド、ヒマワリなどで、袋には「応援しています。楽しく明るく過ごしてください」「きれいに咲かせて、笑顔になって」など、心のこもったメッセージが書かれていた。
　震災直後から石巻市湊地区を中心に支援活動を展開している岐阜県中津川市防災市民会議の加藤吉晴代表が坂本中の依頼で届け、石母田校長は「被災地の皆さまのために生徒たちが各家庭で育てる予定。プレゼントされた種は、生徒たちが各家庭で、募金や保護者の協力で種を購入し、花の種を購入し、育てる予定。

坂本中生のプレゼントを石母田校長に手渡す加藤代表（左）＝湊中

いきました。この取り組みは、1月9日NHKラジオ放送『昼の憩い』でも紹介されました。
第2弾は夏の花シリーズで、1月から取り組み3月石巻に持っていきました。オキザリスの球根と、ヒマワリ、マリーゴールド、コスモスのタネを一袋とし、方式は前回同様、二袋購入していただき、一袋は自分用、一袋は購入者から被災者へのプレゼントです。市内坂本中学校生徒会や企業の協力もあり、400人が参加しました。第3弾は秋の花シリーズで、リコリス350球の寄付提供がありましたので、会として現地に持参し、市民にお渡ししました。

お渡ししたのは、仮設渡波第2団地その他、松並地区町内会、雄勝町船越荒地区などです。また女川街道大門崎近くで庭のあるお宅の一角をお借りして、国道沿いに花壇もつくりました。
次回、花トモ第4弾は、石巻市の花でもあるツツジ、その苗木にいたしました。2013年11月から取り組みをスタートし、翌年3月に石巻に運搬します。
幸いに中津川市内のバイオ関連会社から、大量の完熟堆肥の提供がありましたので、一緒に運び、植栽する計画です。

78

石巻震災エキスプレス

被災地 彩り豊かに

石巻に花の種贈るプロジェクト
中津川市民団体が第2弾
市民に購入呼び掛け

住民グループ「中津川市防災市民会議」(加藤吉晴代表)が、東日本大震災の被災者に花の球根を贈る「花とモアプロジェクト」の第2弾の活動を始めた。市民会議は昨年12月、春に花を咲かせる球根2千球を宮城県石巻市に届けている。今回贈るのは夏から秋にかけて花を咲かせる球根と種で、3月末に同市内に届ける予定。

今回はオキザリスの球根2球とヒマワリの種約16粒、マリーゴールド約50粒、コスモス約50粒を1袋に入れ、2袋1セットを500円で販売。市民に購入してもらい、市民会議が1袋を預かって被災地に届ける。35000セット700袋の販売を目標に掲げる。

市民会議は今月、中津川市新町などで開催された市内の特産品が並ぶ「六斎市」で協力を呼び掛け、57セットを売った。また、購入のみを250円で販売。坂本中＝同市千旦林＝の生徒たちが保護者への協力も得て175袋を購入し、メッセージを寄せてもらった。

今回は小中学生向けに、被災者に贈る1袋の中に被災者へのメッセージカードに被災者へのメッセージを記した。3月の市民会議訪問準備で石巻市を訪れた加藤代表が、同市の湊中学校に届ける力ードに被災者へのメッセージを寄せてもらった。湊中の校長から坂本中にお礼の電話があったという。

(松田尚廉)

宮城県石巻市の被災者に贈る球根と種が入った袋＝中津川市新町

「岐阜新聞」2013年2月9日付記事

2 「チームなかつがわ」です、よろしく

目標は５００本。植栽場所は、小学校や公園などを予定しています。震災３周年の復興祈念植樹になるといいですね。

海トモプロジェクト（海産物販売支援）

海トモとは、海の海産物を山（中津川）で販売し、支援とトモダチづくり、その両方を願って、２０１２年９月にはじめた取り組みです。おいしい海産物を山で販売することは、市民の皆さんからとても喜ばれます。私たちの町中津川では月に一度、六斎市という市が立ちます。そこで石巻の海産物を定期的に、私たちの会で販売することにいたしました。またお祭りやイベントがあれば、会場で販売することもあります。うれしいことはお客様から、おいしかったよ、とリピーターが増えつつあることです。現在継続して販売しているのは、ワカメやこんぶ、そして塩ノリです。ワカメやこんぶは、宮城県石巻市雄勝町船越荒地区海辺の小集落に唯一ある加工場でできたノリを渡波の加工会社からも購入しています。塩ノリも大好評で、石巻湾でできたノリを渡波の加工会社から購入しています。

通常は海トモと花トモを並べて、海産物を販売しています。海産物は常設店での販売を今のところしていませんので、普段は地元スーパーの協力をいただき、業務用冷蔵室をお借りしてしっかりと保管しています。海産物の鮮度を保

海トモと花トモにも参加してくれています。海トモと花トモを買っていただいた市民の皆さんが、

80

石巻震災エキスプレス

石巻市民とトモダチの輪

石巻の人々とトモダチになる。石巻に来たのはたった25回ほどですが、一貫して石巻密着型でやってきました。そして中津川市民ボランティアの多くが石巻市のファンになっていきました。

私たちは、支援物資を提供してくれる中津川市民の皆さんとなかよしになり、今度いつ来る?と声かけられて石巻を離れます。中津川の人たちの心には、石巻の人たちに食べてもらうんだという自覚ができてきています。回数を重ねて市民と市民のトモダチづくり、それが長期支援のカギといえます。そして私たちは、パイプ役だという意識を強く持つようになりました。

今回の連載を終えるにあたって、悲劇がきっかけとなりましたが市民同士のご縁を強く感じました。今回そのご縁を大切にするため、石巻で被災されたお知り合いの皆様に、チームなかつがわ

つため注意を払い、品質管理をキチンとして、海からの贈り物を山でいただいています。荒浜の水産加工業者から、目に鮮やかに映る、色彩豊かな縁起物の大漁旗をお借りし、毎回それを掲げ海産物販売の元気目印としています。絶品海産物は、今日もたくさん売れました。煮る、切る、分ける、袋詰めなどのワカメ加工お手伝いも、初めての経験でしたが、昨年みんなで体験させていただきました。今年の夏には、ここ荒浜で海水浴が再開できるといいですね。

81

2 「チームなかつがわ」です、よろしく

作成の被災生活実態アンケート調査を、お願いしました。震災後からはじまる被災生活のきびしい一端を知る、貴重な資料とさせていただきます。

最後に、理不尽な死や、生き残った被災者の皆さんの生活を身近に知った私たち災害ボランティアは、今後どのように生き、どのようにこの教訓を活かしていったらいいのでしょう。自問自答してきました。活動を狭く考え、ボランティアのプロになるのも、救援知識を伸ばすのもよいでしょう。自分の活動自慢話を増やすのもよいでしょう。しかし私は石巻の皆さんとのふれあいでたくさんのことを学び、『ならば、それを活きた愛にして自分を変えなきゃ』『ならば、それを活きた防災にして地元へ返さなきゃ』と思うようになりました。

亡くなった方々の無念に応える、生きてがんばっている方々とのご縁に報いる、それが災害ボランティアを通じて得た、私の覚悟といえます。

我が心のふるさととなりました、石巻。石巻の皆さん、ありがとうございます。

3 「チームなかつがわ」へ

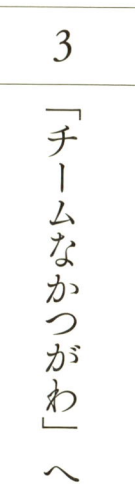

予期せぬ災害。その大惨事の後、それでも生きる。生きてきた。

にもかかわらず、生きていく人々。にもかかわらず、生きてきた人々。

その人々と会うことになる災害ボランティア。

互いが、不思議な縁(えにし)で結びつく。

最初からそんな縁など、それこそ予定されていなかった。

私たちと被災者の間には、とても深い隔たりも溝もあり、聞いても聞いても実感できない現実もあります。震災前には絶対戻らない悲しみ苦しみや、痛みがあります。

しかし、生きていく夢や希望は、失った者だからこそ、より大切にされているとしたらどうだろう。それでも夢や希望があるのか？夢や希望は道しるべとなって輝いているのだろうか？

人は時間を歩いている。歩いた後に、道はできる。歩まずにはいられない人生の中、人の人生の灯火に、自分の人生も照らし出される、そんな命の灯火の交わり。

そのなかで、受け渡しされるもの。

それは被災しても生き残った人から、当時の体験を聞く事から始まるのだが、その口から亡くなった人への想いを引き出し、犠牲になり亡くなった人を背負って私も生きていく、そ

84

石巻震災エキスプレス

子どもの目、大人の目

木村慶子（石巻市）

東日本大地震、2011年3月11日。私達はこの地で津波に遭遇し、思いもしなかった体験をしてしまいました。

私は震災の年、そのつきまで少し風変わりな学習塾を経営していました。東日本大震災が起こったのは卒業式の日。恒例の塾休の日。全く間一髪、もし卒業式でなかったら地震が起きた時間帯は塾の真っ最中の出来事、どんな事態になっていたか想像するに恐ろしさに震えました。

亡くなられた犠牲者の方々のことを思うにつけ塾の子供達の一人も犠牲にすることがなかったものですからこれは本当に不幸中の安堵となりました。

かつて私は宮城県沖地震も経験しました。それでも未来に向かって生きていく、そのための手段や目的を尋ねる旅、それは人生そのものともいえる。

被災した人々が毎日の生活姿勢のなかで、磨いてきた感性に、私たちの感性が呼応すれば、大いなる目覚めとなるに違いない。

これもまた塾が始まる直前で、その地震では設置していたエアコンが落ちるなど、それなりの被害があったのですが、塾では避難訓練を実施したことがあります。幸いにも我が家は広い空間がありましたので、強い地震が起きたら速やかに屋外に出て庭の中心に集まり、勝手な行動をとらないよう話をし、実施したのです。しかし子供の思いは当然ながら大人の思いを汲んではいませんし現実味がありませんから行動は緩慢、それでも避難訓練を実施した気になっていました。もちろん津波を想定しての訓練ではありませんでした。
心配はあっても、とりあえず日常が平和であればいい、そんないつ発生するかわからないことを恐れていたくはない、人は煩わしいことからとりあえず目をそむけていたいものですから仮想避難訓練などだいたいそんなもの、現実に私自身もそんな感じでした。
地震も、津波が発生してもたかが数十㎝程度のもの、被害を受けるようなものではない、今まででも大地震があっても被害があまり自分たちには降りかからなかったものでしたから誰もがそういう認識だったように思います。
今回の地震は経験したことのないすさまじいものでした。震度7、長い揺れ、あわてて庭に飛び出して必死でしがみついた木は普段では有り得ないとげとげのざくろの木でした。長い揺れが治まった後は何事もなかったかのように我が家は何の変形もせず建っていました。津波警報、避難勧告、どうせ来ないからという想いを抱えた半信半疑で、とりあえず避難するかと何も持たず、戸締まりをし、近くの4階建て中学校に避難しました。

86

石巻震災エキスプレス

道路はすでに海岸方向から避難する車で身動きがとれない状態でしたので歩いて避難所に向かいました。結果それが正しい選択でした。

非常時に遭遇したときどう判断し、どう行動するか、生死を分けることがあることを経験しました。

襲ってきた津波は身動きの取れない車列をことごとく飲み込んで多くの人が犠牲になりました。我が家も、家財も車も全て無惨な姿でした。

避難先の中学校での避難生活が始まりました。当日は雪混じりのとても寒い日、食料もなく水もなく、次の日も食料は小さな丸いビスケット2枚だけで水無し、その次の日は同じビスケット1枚とメスシリンダーで測ったほんの50ccか100cc程度だったと記憶しています。トイレも大勢の人の共同生活で水の無い生活でしたから水洗トイレは想像のごとく山になっていました。そんな中、普段、親に頼りきりだったであろうその子供達が避難生活に大人以上にじっと耐え忍び、協力して動く姿に、子供の順応性のすばらしさ、可能性のすばらしさに感動を覚えたものです。子供達の方がたくましく順応していたのです。大人が考える以上に子供は子供の目で事の重大さに気づき、対処している。むしろ大人の方が大ごとに遭遇し、うろたえている。そんな現実をみてきました。

被災して生き延びて伝えたいこと。生きること、生き抜くこと、それが大事。

被災前はものに対してもこれがあれば便利、これは必需品、でしたが、恐ろしい体験はそんな日常の物に対する思いをも砕いてしまいました。

87

3 「チームなかつがわ」へ

物をたくさん抱えて身動きがとれない生活ではなく、行きたいところに自由に移動すればいいではないかとさえ今は思えるのです。
しかし私達はこの同じ地に家を復元しました。離れる人、留まる人、それぞれの考え方があるかもしれませんが、このような大地震は数百年に一度、我々が生きているうちにはこない、そんな勝手な思い込みと、大きな教訓と復興を信じて私達はこの地に留まることにしたのです。
そんな中、中津川のボランティアチームの皆様にはほんとうにお世話になりました。震災後すでに2年8カ月が経ちます。今だに中津川の皆様が石巻を訪れる際には我家を訪ねて下さいます。こんなに時間が経過してもなおご心配いただいているのです。ボランティア活動のあり方も中津川チームの皆様には感じさせられました。
一時的にお手伝いいただくことも、もちろんたいへんありがたいことではありますが、真の援助、真のボランティアをするということは被災者の心に寄り添うこととよく言われますが中津川の皆様の活動の継続性はまさに被災者の心に寄り添うがごとくであったように思います。継続力、学習についても常に子供達にメッセージしてきた私ですが、ボランティア活動についてもそうなんですね。ほんとうに感じ入ります。
こんな被災者が言ったらおかしいかもしれませんが、困難に出会うと強くなります。我々も復興に向けてより一層強くならなければなりませんが、未来を背負って立つ子供達にもハードルを乗り越えて強くなっていただきたいのメッセージを伝えたいと思います。私の子供が陸上競技を

88

石巻震災エキスプレス

被災の庭に花、支援のおかげ

木村慶子（2013年9月2日付「中日新聞」）

津波被災の教訓をお伝えし活かしていただきたいと願っております。

私達は今回の震災で3分で走った気持ちなのです。

しかし3分で走れるように自分の壁を乗り越えて練習した人に3分半で走れって言っても苦痛ではないでしょう。

やっていたので例えますが1kmをいつも4分で走っている人に3分で走れって言っても難しい。

津波で被災した宮城県石巻市にある自宅のガレキ処理の第一歩は、震災から2カ月後、岐阜県中津川市のボランティアチームの協力で始まりました。

チームの方々は石巻市に来るたびに手伝ってくださり、1年近くたってようやくヘドロの処理ができました。

原野と化した庭。かつて、夫と二人で造りあげ、近所の子どもたちから「トトロの森」と呼ばれていました。主であるドングリの大木は流された人の命を救いましたが、今はありません。

その庭に、中津川の市民の皆さまからいただいた花のタネをこぼしましたところ、塩分に負けず見事に花を咲かせてくれました。コスモスは、海水を逆手に取り、海からのミネラルを吸収し

3 「チームなかつがわ」へ

心の支え

武山　伸（石巻市）

私は「東日本大震災」当日、大げさに言うと三度死にかけました。息子の嫁を助けるため、胸まで海水につかりながらも助かりました。その後も鉄柵と壁に胸を挟まれ肋骨にひびが入り、三度目は二階の屋上から津波の濁流で落ちそうになり近くにいた方に引き戻されました。あの日はとても寒く津波の後、雪が降り出しました。あまりの出来事に興奮して寒さも空腹も感じませんでした。

たくましく育っております。打ちひしがれていた私たちですが、花から癒しと力をもらい、森の再生を決意したところ、チームの有志の方々からクリやモミジの苗木をもってきてくださるなど、支援の手を差しのべてくださっています。

今だに10センチほど土を掘るとガレキが顔を出す荒れ地に、木々が根を張ってくれました。少しずつですが、野趣に富む安らぎの森を育みたいと思います。

私たちの心に「ありがとう」の花を咲かせてくださった中津川の皆さま、ありがとうございます。まだ道半ばですが、復興に努力します。

石巻震災エキスプレス

翌朝、東の空が白みかけた頃、母や孫たちを探しに公民館や小学校に小学校一年生の孫と遊びに行っていた高一の孫が一緒にいるではありませんか！驚いたことに喜びもつかの間、母はどこを探しても見つかりませんでした。それからの二年間は眠れない夜が続きました。

「あの時……していれば」言い訳にしかなりませんがあの日、夜勤だった私は午後1時から寝ていました。ものすごい激しい揺れに目を覚まし寝床のそばにあったタンスを必死に支えました。窓の方を見ると柱がまるで早くしたメトロノームのように揺れて見えました。家中の物すべてが倒れ散乱し足の踏み場もありません。あれだけすごい地震なのだから「すごい津波が来る！逃げよう」と思うべきなのに「ラジオは？ 電池は？ 情報は？」と無駄に時が過ぎ逃げ後れてしまい、元気だった母を失ってしまいました。

震災から18日後、二男の妻と1年4ヵ月の子供が門脇の火災現場で見つかったことを知らされました。結婚して六年、震災の45日前「私たち、こんなに幸せで良いのかしら」と話したばかりだったと聞かされました。息子のことを思うと泣かない日はありませんでした。

このことからいかに普段の訓練、心構えが大切かを思い知らされました。特に家庭での普段の話し合いによる心構えの強化の大切さが感じられました。そして有事のときに備えての隣近所のお付き合いが重要であることを痛感しました。

さらに、被災後強く感じたのが「中津川市防災市民会議（チーム中津川）」の活動でした。何度も支援いただいている間にいただいたたくさんの活動資料からわかったことがあります。町内会

91

3 「チームなかつがわ」へ

活動では必ずしも行動的リーダーがいるとは限りません。しかし地域全体を網羅したNPOとなると話が違います。強力なリーダーがいた「チーム中津川」ではその活動は目を見張るものがありました。信頼も厚いため、会員も積極的かつ強力です。当然、地域の多くの方が賛同し入会して共に活動するのでより強力なものになりました。一NPOでありながら町全体を動かし、今回の震災での支援活動は他に類を見ない圧倒的な行動力・持続力・活動内容の豊富さには只々驚くばかりでした。

被災地での活動においても、被災者への気遣いからか、ただ黙々と誰もが笑顔を絶やさずそれでいてテキパキと支援物資の荷下ろしなどをしていました。バスやトラックでの長旅の後にもかかわらず、笑顔で活動しているメンバーの様子が被災した私たちに元気を与えてくれました。それも一、二カ所ではなく何カ所も回っての支援活動であり、まるで体力の限界へ の挑戦さながらの活動でした。さらに「仮設渡波第2団地」ではそのようなお疲れの状態にもかかわらず被災者との交流会に参加していただき会話に花が咲き、笑顔に満ちあふれていました。いったい自分たちは何かの時にこのようにできるだろうか？心配しながらそんなときは「チーム中津川」の活動を思い起こせば良いと強く思いました。

また、修学旅行といえば中学校生活の中でも最大の思い出の一つです。そのような大切な行事に中津川市立坂本中学校では、私たちの仮設団地を指名して下さいました。生徒さんたちがつくった五平もちを焼いて食べるまでの段取りをしてくれた「チーム中津川」との笑顔に満ちた連係プレー。一軒一軒回ってのお米や物資の配布、合唱の披露どれもがすべて私たちを癒してくれま

子どもたちへ。明日の日本へ

遠藤 伸一 (石巻市)

2011・3・11、この日の現実を境に、生きるということを考えさせられました。津波という大自然が起こした活動、その前には、地球上で、我がもの顔している人間は、余りにも無力でした。うちの子供たちに震災前に一度話したことがあります。「人間だって動物なんだよ、頭がちょっと良いからって、地球で我がもの顔しているけど、何てことのない動物なんだよ。地球は、人間だけのものじゃないから、自然と共存していかなくちゃならないんだよ」と話しました。2011・3・11、東日本大震災が起こりました。今まで感じたことのない大きすぎる揺れと大津波が私たちを襲いました。一瞬で私たちが生活していた場所を家をかけがえのない命までも飲み込みました。「絶望」という現実を突きつけられました。どう受け止めればいいのか、生きてて地獄、そこにあった幸せな生活、愛してやまない「宝もののこどもたち」を失い、生きて

後日、届いた生徒さん方の手紙には皆同じように「自分たちの考えを深めることができました」「社会に通用する坂中生を目指して努力していきたい」のような文言が入っていました。少しでもお役に立てたならば、この上ない幸せです。本当にありがとうございました。

93

3 「チームなかつがわ」へ

「朝日新聞」2014年3月12日付

しまった自分の心まで失いました。こどもを守ってやれなかった親としての自分を恨み、途方にくれました。

のちに避難所となる渡波保育所に、避難しきれず津波をくらってしまった人たちが避難所である渡波小学校、渡波公民館までたどり着けず、集まってきました。渡波保育所は一階は壊滅状態でしたが二階は無事で、園児たちのお昼寝用のフトンがありました。火で暖をとり、集まってきた人たちが火を囲んで、濡れて冷えた身体を無言で暖めました。津波に襲われながら、活かされた命、あの場面では生死の境目は紙一重、生と死は隣りあわせダッタことを、みんな感じていました。

渡波保育所での生活がはじまります。暖をとるための燃えるものの確保、水、飲み物の確保、食糧の確保と、ここから何とか

石巻震災エキスプレス

生きるということだけがテーマでした。動ける人が動く。動ける人たちもそれぞれケガをしていたり、なかなか乾かない泥だらけの服のまま、動きました。スーパー、コンビニなどから流れ出た泥だらけの食べ物を拾って保育所に戻り、みんなで分け合いました。苦しい10日間でしたが、それぞれが人間の欲をちょっと捨てることで救われ、何とか生きてこれました。10日経って、避難所扱いになるよう掛け合ってくれた責任者のおかげで、避難所扱いになり、食糧物資がいただけるようになりました。それからは、缶詰やおにぎりや菓子パンなどが届けられ、その他に、火で温かいみそ汁などを動ける女性方がつくってくれました。自分たちで簡易的なトイレ、お風呂をつくり、みんなで力を合わせ、お互いをいたわりあいました。そのころからボランティアの方々がたくさんこの避難所にきてくださいました。まだまだガレキだらけの場所で、まだまだ余震の続くこの被災地に。これからどうなっていくのか、このガレキの中、これから、何のために生きてゆけばいいのか、大きな不安が押し寄せてくる時期でした。そのなかでボランティアの方々はガレキを片付けてくれたり、想いを寄せて寄り添ってくれたりと、何もかも失ってしまった心まで癒してくれました。なんでここまでしてくれるのだろう、そんな人たちの想いにだけ、心を救っていただきました。人を救ってくれたのは、人の想いだけでした。

人間でよかったと、心からそう思いました。このことは、この震災でなくした命が教えてくれたこと。「人間はまだまだ捨てたもんじゃないよ」うちの子供が私に教えてくれたんだと思いました。

95

3 「チームなかつがわ」へ

平成22年度 石巻市立湊小学校 卒業式式辞

佐々木丈二（湊小学校校長＝当事＝）

まず初めに、3月11日の大地震と津波でご家族やご親戚の方々、そして、住む家を無くしたり湊小学校や知り合いの家に避難生活を続けている人々がたくさんいらっしゃることと思います。

そして、湊小学校の児童の中にも、4年生の辺見佳奈さんがご家族と車で避難する途中で津波に飲み込まれ帰らぬ人となってしまいました。

全校児童と教職員を代表して、心からご冥福をお祈りいたします。

ところで、3月12日の朝の時点で1200人を数えた湊小学校を避難所とした方々も、500人を下回り、学校に居住する児童の数も8人と少なくなってきました。

それぞれ、ご家族の方々がみんなで協力をして、この大震災に負けないで生きていこうとする気持ちの表れかと思います。しかし、帰る家が無い方々も大勢いらっしゃることも事実であり、避難所運営団体やボランティアの方々、行政の方々の支援を受けながら一日でも早く復興への道

す。子どもたちの生きた証として私に教えてくれたことを、親父として伝えられるように生きていきたいです。人間、持っている欲を少し捨てれれば、人にも地球にもやさしいのかもしれませんね。

を歩み出されることを心よりお祈り申し上げます。

さて、本日の卒業式について、私から今日に至るまでの経緯を報告しておきます。実は、あの大震災により、卒業生のほとんどの皆さんや、教職員の全てが、湊小学校に閉じ込められた3月11日の夜、誰からともなく

「もう、卒業式はできないよね」

という声が上がりました。会場である体育館も被害に遭い、避難生活がいつまで続くか分からない中では、卒業式を「いつ・どのように行うか」ということを話題にできる雰囲気ではなかったのです。

ですから、次の日に各教室を回ってご挨拶をしているとき、6年生に

「校長先生、卒業式は無いんですか」

と聞かれても、

「もしかすると、できないかも知れない」

としか答えられませんでした。

その後、数日が過ぎ、担任の佐々木先生と話しているときに、

「卒業証書はなくとも」

「参加者は、卒業生と教員だけでも」

「全員が集まらなくても、卒業式をしよう」

「何とか区切りを付けよう」

3 「チームなかつがわ」へ

「子どもたちにエールを送ろう」
と考えるようになりました。PTA会長さんにも、その方向で了承をしていただきました。
一番大きな問題は、倒れた金庫の中に入って取り出せない卒業証書と、避難所運営のために空き教室がないことでした。どうしようもないときは、卒業証書は先生方が手書きで、卒業式の会場は児童用玄関で行おうかと、教頭先生と相談したこともありました。
しかし、奇跡は起こりました。
昨日の朝、私が学校にきたとき、岐阜県中津川市の防災市民会議の加藤さんをはじめとするボランティアの皆さんが、
「湊小学校の子どもたちが卒業式をするなら、立派な会場を用意してあげたい」
と図工室にたまった泥をよけ、窓ガラスを何度も拭き、立派な卒業式会場を用意をしてくれました。
卒業証書は、教頭先生や佐々木先生・自衛隊の第5偵察隊の方々がガレキをよけて、重たい耐火金庫を運び出し、中にあった卒業証書を見つけ出してくれました。
そして、この会場の飾り付けは、5年生の皆さん・図書館ボランティアの皆さん・避難所の方々・幼稚園の先生方などが力を合わせてやってくれました。この避難所に居住する方々の代表の会議では
「日本一の卒業式にしてあげたい」
という声も上がったそうです。そのような、多くの人の気持ちがこもった卒業式です。

98

石巻震災エキスプレス

郵便はがき

料金受取人払郵便

名古屋中局
承　認

9014

差出有効期間
2026年9月29日
まで

460-8790

101

名古屋市中区大須
1-16-29

風媒社 行

注文書●このはがきを小社刊行書のご注文にご利用ください。

書　名	部数

郵便振替同封でお送りします（1500円以上送料無料）

風媒社 愛読者カード

書 名

本書に対するご感想、今後の出版物についての企画、そのほか

お名前　　　　　　　　　　　　　　　　　　　　（　　　歳）

ご住所（〒　　　　　　　）

お求めの書店名

本書を何でお知りになりましたか
①書店で見て　②知人にすすめられて
③書評を見て（紙・誌名　　　　　　　　　　　　　　　　）
④広告を見て（紙・誌名　　　　　　　　　　　　　　　　）
⑤そのほか（　　　　　　　　　　　　　　　　　　　　　）

＊図書目録の送付希望　□する　□しない
＊このカードを送ったことが　□ある　□ない

ところで、校長先生はこの一年いつも「自分の将来について、夢を見ること」「その夢を実現させるために、努力し続けることの大切さ」を話し続けてきました。大人の中には「今回の大震災が夢であったほしい」と願っている人がたくさんいます。皆さんの未来です。

「これ以上ひどくなることはない」
「スタートを切るぞ」
「ここから出発だ」

という気持ちをもってください。命があれば、生きていれば、できることが、たくさんあります。佐々木先生と校長先生が「形だけの卒業式でも」という夢をもったことが、多くの方々のお力をいただいて、このような立派な卒業式を行うことにつながりました。

皆さんも、どんなことでもいいから

「こんなことをしたい」
「こんな人間になりたい」

3 「チームなかつがわ」へ

という夢をもち、それに向かって努力してください。その努力を誰かが見ていて、助けてくれます、間違ってほしくないことは、その努力とは、自己満足の努力ではないことです。誰もが認める努力です。

「人は大きな努力をし続けて、はじめて、大きな夢を叶えることができる」のです。

皆さんが手にしている卒業証書は、17日間も水浸しの中にあった卒業証書です。泥水で多少汚れていますが、作り直すより思い出が多いと考え、そのまま手渡しました。多くの方々の思いが詰まった卒業証書です。平成23年3月11日の大震災を記憶した卒業証書です。

この卒業式を見るたびに、この大震災とそれを乗り越えるために多くの人々が力を合わせたことを思い出してください。そして、皆さんもいつか、自分の力を人様のために役立ててほしいのです。

このことが、今日ここで、卒業式ができたことへの皆さんからの、本当の意味でのお礼だと考えています。

最後になりましたが、多くのボランティアの方々やご来賓の方々に、心より御礼を申し上げ、式辞といたします。

平成23年3月29日

石巻市立湊小学校　校長　佐々木丈二

「復興へ、日本の試練　石巻市立湊小学校の一番長い一学期」

● 2011年9月3日付『週刊ダイヤモンド』より

7月20日、宮城県石巻市の住吉中学校の音楽室で、湊小学校の終業式が行われていた。東日本大震災による津波で、湊小は一階部分が水没、震災後は周辺地区の避難所として使用されているため、元の校舎から3キロメートルほどの距離にある純代支柱を間借りして授業を行っていたのだ。

佐々木丈二校長は、148人の児童の顔をゆっくり見渡してから、18日早朝に見事ワールドカップで優勝を果たした、女子サッカー日本代表チーム「なでしこジャパン」の話を始めた。

「選手の中に宮城県の高校を卒業した人が3人いて『東日本大震災で苦しんでいる人のことを思って、最後まで諦めないでがんばりました』と話していました。その話を聞いて、私たちも最後まで諦めてはいけない、とあらためて思いました」―。

その時、佐々木校長の脳裏には、子どもたちと過ごした震災後の長くあわただしい苦悶の日々が、走馬灯のように浮かんでいた。

3月11日の震災当日、湊小には児童150人のほかに近所から避難してきた人も含めて700人超の被災者がいた。翌日にはさらに増えて1200人に達した。断片的に入ってくる情報から被害の甚大さを知り、救助が来るまで2～3日はかかる、と覚悟した。避難所に指定されていたため、水と簡単な食料は用意していた。だが、すべて一階の保健室に保管していたことが災いする。保健

101

3　「チームなかつがわ」へ

室を含めて校舎の一階は天井まで水没していたのである。

震災翌日、少し水が引いたため、有志のおとな数人が保健室に向かった。だが、2リットル入りのペットボトルの水を5〜6本取り出したところで大きな余震が起きた。やむをえずそれだけを持って引き返した。公平に分配するため紙コップに印をつけて量を決め、子どもと高齢者を優先して分配した結果、ほとんどのおとなは水を飲むことができなかった。

震災から3日目、近所のかまぼこ屋「高重」のご主人が、自身も被災したにもかかわらず、水没を免れた笹かまぼこを差し入れてくれた。一人一枚ずつ分け合った。それまで3日間、飲まず食わずでも平気だったのに、一口食べた途端に猛烈な空腹感に襲われた。そして4日目、ようやく自衛隊が到着して、温かいおにぎりを持ってきてくれた。ほっとしたのだろう。みんな涙が止まらなかった。

うれしかったこともある。少し遅れたが、卒業式を行うことができたことだ。

「校長先生、卒業式はできないかな」──。6年生の子どもから声をかけられたのは、震災2日目の朝だった。佐々木校長はそのときまで、卒業式のことを失念していた。一階の卒業証書が入った金庫は水没しており、とうてい使えそうにない。加えて、一階はガレキや泥が散乱しており、会場の確保も難しい状態だった。

「何か困ったことはありませんか」。自衛隊の偵察隊が湊小にやってきたのはそんな状況のときだった。自衛隊員5人と教職員が力を合わせて、消防のホースを金庫に巻き付けてなんとか取り出すことができた。金庫を開けてみると、少し汚れてはいたものの、奇跡的に卒業証書は無事だった。

石巻震災エキスプレス

子どもたちへ。明日の日本へ

可知達也（中津川市立坂本中学校）

平成23年の3月11日は、日本にとって忘れてはならない日となってしまいました。その夜のテレビ報道で地震と津波による被害の様子を見ながら、恐ろしさで身震いしたことを覚えています。その時から自分のできることは何か自問自答していました。

平成23年度の入学式に生徒会長がこんな話をしてくれました。

「新一年生の皆さん、ご入学おめでとうございます。（中略）そして、今、日本は東日本大震災という大きな災害に見舞われ、多くの人が多くのものを失ってしまいました。その事実を目の当たりにし、僕たちは当たり前だと思っていたこの環境が、いかに恵まれているかを強く実感できた時でもあります。例えば、ご飯が食べられること、学校へきて勉強ができること、命があって生活できることなどです。そのことに感謝することを忘れず、今僕たちにできることは何か、やるべきことは何かを考え、自分に与えられた役割をしっかりやりきっていきましょう。そして、みんなで温かい心を持ち温かい言葉を掛け合い、坂本中学校に温もりの輪、絆を広め、深めてい

会場は、岐阜県からきたボランティアが一階の図工室を掃除・補修して整えてくれた。3月29日、佐々木校長は無事、33人の6年生に卒業証書を」渡すことができた。（後略）

103

3 「チームなかつがわ」へ

きましょう。終わります」
　子どもたちは、子どもたちでこの震災を大きな出来事として感じているのだと実感しました。
　生徒会執行部と給食を共にする中で、東日本大震災への支援について一緒に考え、募金から始まり、雑巾、文房具、書物、カイロとできることを支援してくれました。何度か給食を共にする中で、自らの体験を話し、品物ではなく応援できることはないか一緒に考えました。そしてカイロを送る時から、一つ一つに手作りのメッセージをつけて贈りました。ある夜、宮城県石巻市の男性から「家族を全員なくして生きる気力を無くしていたが、このメッセージを読んで再び頑張ろうと思った。本当にありがとう」という電話が学校に入り、温もりと絆を感じた生徒たちは、仮設住宅の人たちにメッセージ付きの花のタネなどを贈り続けました。
　また、中津川市防災市民会議の方々が震災当時からボランティア活動で行っていた石巻市の湊中学校へもメッセージを贈りました。校長先生より生徒たちがたいへん喜んでいる旨の御礼の電話をいただきました。そうした温もりの心を伝える伝統は、平成24、25年度の生徒会に引き継がれ全校での取り組みとなっています。

　自身としても平成23年の8月に宮城県南三陸町に震災ボランティアとして訪れました。東北自動車道から宮城県入りし南三陸町に向かう中で、道路の陥没や川に掛けられた橋桁と道路の段差が応急処置としてアスファルトで埋め込まれ、何とか自動車が通行できる状態でした。驚く間もなく、海岸沿いに続く道を下っていくさなかで海岸に近づくにつれて、瓦礫とかした町並みの光

104

石巻震災エキスプレス

景を見た時のことは、今でも鮮明に脳裏に焼き付いています。

宿泊できそうな場所はなかなか見あたらず、やっと飛び込んで見つけたホテルは現地の避難所になっており、ボランティア活動の人々と現地の人々が入り乱れた状態でした。被災地の状況が5カ月経ってもこの状態であることに驚くばかりでした。次の日のボランティア活動では、瓦礫の選別作業でした。その土の中から家族の写真や保険証などたくさんの普段あった幸せの跡が見つかりました。普段の平凡な生活がいかに幸せか改めて実感できた一瞬でした。生きたくても生きられなかった人々のためにも伝えることの大切さを実感し、今の自分にできることで、何をどのように後世に伝えるか何度も考えました。

平成23年10月から約1年間にわたる保護者説明の後、平成25年6月4日坂本中学校の3年生132名と教師11名は、宮城県南三陸町の地に立っていました。生徒と若い教師にこの事実を見て伝えて欲しいとの願いが叶った瞬間でした。南三陸町の衝撃的な光景と、南三陸町と石巻市の仮設住宅でのボランティア活動では、逞しく生き抜くことを学ぶ絶好の機会でした。生徒の合唱に涙した方々との交流は、新たな温もりの絆が生まれた瞬間でした。また、石巻市立湊中学校と南三陸町立志津川中学校との生徒会代表の交流会では、明るく振る舞う中でも家族を失った悲しみをもつ生徒、家を無くした生徒など自分の苦難に負けず生きていこうとする前向きさに心打たれました。

中津川市防災市民会議の皆様など自分の交流には、多大なご支援をいただき感謝するばかりです。

本校では、「社会で活躍できる生徒の育成」を目指し、自分の力で考え、判断し、伝えられる逞しい生徒に育つように指導しています。この震災を他人事と受け止めず、どのような困難が来

105

3 「チームなかつがわ」へ

ようとも、諦めず向かっていける力をこうしたボランティア活動等を通して培っていきたいと考えています。また、先生方には、明日の日本を背負って逞しく生きる生徒を育てるために、温もりと絆で逞しく生き抜く力を身につけるためのエネルギーを注いで欲しいと願うばかりです。

中津川市防災市民会議　第三期派遣に参加して

下畑　茂（中津川市立南小学校）

「自分は何ができるのか。何かをしなければ…。でも実際に足を運ぶことは…」震災の映像を目に気持ちが揺らいでいた。中津川市の防災メールにて、震災ボランティア活動が行われていることを知った。説明会で臨席した大脇さんが「ボランティアって10割向こうの人のためにやってあげるって感じがしていた。けど、これまで（2回）参加して、8割は自分のためになったと思う。行けばきっとこの言葉の意味が分かるよ」と話してくれた。その言葉を聞いて「特別なことではなく自分にできることをやろう。まずは現地に!」と気持ちが固まった。6月16日（木）〜19日（日）、宮城県石巻市湊小学校でのボランティアに同行した。中津川各所からの44名。うち21名は2回以上の参加。20代〜60代まで、職業も様々。この方達と交わした言葉から、自分が学んだことを振り返ってみました。このためにイギリスから帰国し参加される方も。隊長の加藤さんが「テレビはスイッチを切ると画面が消えてしまう。しかし往路のバスの中。

その場に立つと３６０度すべてが被災地であることが見えてくる。空気を吸い、この目で見ることでこれからの自分の人生が変わると思う。行きたい、行かなければと思っても行けない人の分も、今こうして自分が参加できるように後押ししてくれた人、精一杯やってみればと思っても行けない人の分も、できることは僅かなことかもしれないが、変わって良くなっていくのを見届けたい」「テレビの中の暗い世界を、少しでも明るくしてきたい。私のできることは小さい一点だけど、こうしてみなさんと一緒になることで線としてつながり、またそれが全国から集まって面になっていくと信じ、微力ながら参加させていただきます」「中津川市も東海地震の指定地域。この経験は地域の防災に必ず生きてくる。それは自分、家族を守る事への意識を高めることにつながる。消防士等の特別な人ではなく、自分のような普通の者が参加しなくちゃあかんだろう」「今、自分の娘のおなかの中に赤ちゃんがいる。この子が生まれ、生きていく時代、これからの未来がある。祖母になる私にもできることがある。もし中津川で何かが起こった時には必ず誰かが孫を助けてくれるだろう。だから私は今日、参加しました」「二児の父親。子どもたちに日頃『誰かの役に立つ人になってほしい』と言っている自分。言葉ではなくこのボランティアに参加し、この姿、行動を伝えさせていただき、気持ちが高揚していった。

到着後、ヘルメット、手袋、防塵マスク、鉛の入った長靴に着替える。前回、中津川の方が作業をされた家のご夫婦がおみえになった。拝むように手を合わせて「あの時は、本当にありがとうございました…」涙を浮かべて言葉にならなかった。一輪車にスコップ、バール、金づち、の

107

3 「チームなかつがわ」へ

こぎり、土嚢袋などを積み込み、学校から１キロほどの所にあるボランティアを希望されたお宅へ。半分だけ残る校庭の正門の扉を通り、海岸に向かって歩き始める。国道を越え、裏側の通りに入った。目の前の現実に思わず目を疑い、しばらく息ができなくなった。その後「ハァー」とため息ともつかぬ声が自然に口からこぼれてしまう。はき出すばかりで、息が吸えない緊張感。まだ何も手がつけられていない３カ月前のままの状態。水が運んできた物が無造作に散乱して固まっている。裏を向いた車。カーポートの上の物置。陸に上がった漁船。倒れた電柱に散乱して曲がったガードレール。散乱するガラスの破片。庭先にはサッカーボールやおもちゃ、色鉛筆が。日常の子どもたちの生活が確かにここにあったことを物語っている。大脇さんが「これでもずいぶん片付いた。道も車が通れるようになった」と。ボランティアの作業は現在三段階目にあることを教えてくれた。一段階は家の中の物をとにかく外へ出すこと。次はそれを回収できる道まで運ぶと。そして今、三段階めで家の床下の泥を出し切る。家の再建は一番の土台である床下から始まっていく。床板をすべてはがし、その下にたまった泥をかき出し、土嚢袋に入れて回収できる所に運ぶ。経験された方はバールやチェーンソー、のこぎりを使いこなし床板をとっていく。釘などでけがをすると感染症になるので、十分注意をすることと言われていたが、黙々と汗を流している。足場が悪く狭いところで土嚢袋を引き上げ積み込む。作業が単調であるがゆえにしんどい。海水のにおいと油が混ざった泥を目の当たりにして、自分の手がなかなか動かない。そんな自分の周りでは、帰国して参加された女の方が汚れも何も気にすることなく男の人たちに混ざって働いている。「ここまで来

108

石巻震災エキスプレス

て何をしているのだ」と自分が恥ずかしくなってきた。曇り空でも晴れでも、すぐに弱音を吐いていただろう。気がつけば何も考えず、泥にまみれてき出す。「ちょっと休みたい」と手を抜くと、必ずそこを別の人が補ってくれている。スコップでかることに気づいていても、責めることもなく、逆に「ええぞ、ちょっと代わるわ」と声をかけてくれる。トイレのあったところ、狭く体が動かしにくいところ、常に一番えらい場所を探して率先して作業をするチームの人たち。全く面識もなく、自分とつながりもなく、今日、初めてお会いした方の家を「何とかしよう」と、本気でその人のために働いている姿が目の前にあった。こんな人たちが中津川にいて、この人たちと今一緒に作業ができることに勇気を与えられ、「まだ自分は何もしていないじゃないか」という気持ちになってくる。

最後に、土地を消毒して乾かすための石灰をまく。一日かけての作業は家の外から眺めると、わずかであるが、それでも「一つやりきれた」という気持ちが湧いてきた。

校舎1階の図工室と理科室に分かれて就寝。寝袋に入り天井を眺めながら、今日のことを思い浮かべた。100日前、この場所は水の中であったこと。2階以上にみえるボランティアの方たちの地震と津波を経験され、生き延びた人たちであること。一緒に作業した方たちはすべて、あの活き活きした姿。砂埃舞う中で真っ黒に日に焼けながら壊れた信号の変わりに交通整理をしている人。深夜も何度も巡回をしているパトカー。避難所に食料を運ぶ自衛隊の方々。貸し出し用の自転車の修理を無償で行う青年。ボランティアのために食事をつくってくださった東野さん。4メートルの高さにまで津波の汚れのラインが残る体育館で「食べられる」ことの喜びを噛

109

3 「チームなかつがわ」へ

みしめて、いただいた。いびきの大合唱の中でも、昨夜からの疲れも重なり眠りに入る。

翌日。加藤隊長の「今日一日となりました。ボランティアに来て、後悔を残さないように、精一杯やりきってください。やらせてもらいましょう」の言葉に送り出されて現場へ。においも、汚さも、冷たさも、そして仕事のつらさも感じなくなった。ひたすらに床下の泥をかきだし、土嚢に詰める。70歳を越えるご夫婦の家。これまで7回、ボランティアの方に家の周りを片付けてもらった。「すべて建て替えるか、リフォームするかを迷っていた。資材、人材（建築）が足りず、いつになるのか、現段階では先が見えない。それでも『リフォームなら何とか今年中に』とのことでボランティアをお願いしました」ご主人が胸の内を語られた。新築2週間で被災された方も。こうした個々の対応が行政や建築関係ではできないのが現状であり、ここにボランティアが必要とされている意義を理解した。午後になると2名外国からの助っ人が来た。スコットランドとスウェーデンの学生。日本語も分からないのにここにいる。力仕事はもちろん大きな体で窓枠の汚れまできれい拭いている作業の細かさに驚いた。割り当てられた作業を、時間内でやりきることができた。どの人の顔も汗と泥で汚れているがつやつやしていた。「ありがとうございました。本当に助かりました」の言葉。加藤さんは「神様のように見えますね」と言われた。「ありがとうございました。本当に助かりました」の言葉。さすがに外国の2人もこれを受け取るか戸惑っていた。ご夫婦の思いが十分に伝わってくる。「やりきれた」という思いは達成感というよりも安堵感の方が大きかった。「この思いが味わえるのはやってあげたではなく、やらせてもらえたから。感謝されるのはうれしいことだけ

110

石巻震災エキスプレス

ど、そのためにやっているのではないんだよなぁ」と最前線で誰よりも汗を流し働いた大脇さんの言葉にうなずいている自分がいた。作業で疲れていても、どの人の顔も笑顔。それぞれの場所で喜びを与え、与えられ、いろんな思いでここに集まってきている。一人ではできないこともチームの一員として喜びを感じている自分がいた。バスに乗る際にもう一日残られる方が「よくやってくれたよ」と背中をたたいてやりきれたこと。労ってくださった。ここ何年間か、こんなにうれしく感じる言葉をかけられたことはなかった。

帰りのバス中。感想を語り合う。「自分がやらないと分からないことが人生にはたくさんある」「このボランティアに参加した人たちは、知恵と技と優しい心をもってみえる。みなさんと出会えたことが、今年の私の重大ニュース」「ボランティアって、大きなことのように思っていましたが、私にも、誰にでもできる。このことを自分の周りの人に伝えたい」「家の床から泥をかきだすという地味な作業。すべてが終わった時に、その家の方が『今まで何も見えなかったけど、今日こうしてみなさんにやっていただけたことで少し明かりが見えてきました。ありがとうございました』と」「子どもたち（石巻、我が子）の未来のために小さな一歩を自分から始められたことがうれしい」どの言葉にも大きな拍手が送られた。初めて出会った方たちに。わずか3日であるが、気がつくと自然に「すまんねぇ。ありがとう」の言葉をかけ合っている。ボランティアはこれからも続いていく。そしてなぜ2回以上も続けて参加をされるのか、その答が皆さんの言葉にあった。これまでは自分の暮らしが普通で、被災地が普通でないという見方であったが、この捉えは間違っている。平穏な暮らしが送れること、畳の上でまっすぐに伸びをして眠れる

111

3 「チームなかつがわ」へ

私が東北に行って思ったこと

村瀬愛枝（高校1年）

8月2〜3日と東北にボランティアをしました。石巻の住宅地のようにパッと見、キレイになっている所もありましたが、まだ更地とコンクリートの山がある所もありました。震災はまだ終わってないんだ。とあらためて感じました。

8月2〜3日と東北にボランティアをしました。（中略）被災地の各地を視察し、草取りなどのボランティアをしました。石巻の住宅地のようにパッと見、キレイになっている所もありましたが、まだ更地とコンクリートの山がある所もありました。震災はまだ終わってないんだ。とあらためて感じました。

ことのありがたさを教えられた気がした。なかなかバールを使いこなせず、床板一枚もはがせない。瓦礫と泥の前にためらう自分に腹が立つやら悔しいやら、無力さを感じた。それでもここに暮らす人たちの声を聞き、思いにふれ、関わる人たちの姿を見て、共に汗を流す中で変わっていく自分がいた。「岐阜に戻り、毎日の生活の中でやれること、やらねばならないことがある」と強く感じた。これは出発前に抱いていた思いと同じで、振り出しに戻ったようである。しかし、そこに描く景色が全く違う。それはつまり自分の生き方に目を向けていくことである。大脇さんが話された「8割は自分の……」とはこのことではなかろうか……。

最後になりましたが、この度、こうした貴重な機会を与えていただけたこと。また関係各所にご尽力をいただきましたことを重ねてお礼申し上げます。ありがとうございました。

112

石巻震災エキスプレス

宮城県石巻市で感じた貴重な時間

疋田和也（高校2年）

震災直後、僕はテレビを見て驚いた。信じられない光景が映っていた。自分たちは何もできないのか……。とりあえず募金はしたものの、ずっと気になっていました。

その後、その日泊めていただく家に行くと仮設住宅の方々が夕食を用意して下さっていて、しかも私たちが乗ったバスが来るのを外で待って下さいました。それを見て、とても感動しました。被災してとても傷ついているはずなのに、ボランティアの人にこんなによくしてくれるとは思ってもみなかったからです。そこで一緒に食事をさせてもらい、その中で被災当時の話を聞かせていただきました。私がお話を聞いた人は「当時は涙もでなかった。ボランティアの人によくしていただいた時、やっと涙が出たんだ」とおっしゃっていました。そして「ありがとう」と言われました。

そこにいる方々は皆さん本当に中津川のボランティアに感謝していました。私はお話を聞いてさらにひしひしとそれを感じました。その団体の一員として行動させていただいていることを誇りに思いました。（中略）私は今、高校一年生で進路に悩んでいますが、将来そういった方の役に立てる人になりたいと思います。

今回は母からボランティアのことを聞き、自分のできることは何でもいいからやらせてもらおうと参加させていただきました。テレビでは復興がかなり進んでいるようですが、今はどんな状態なのか、自分の目で見て感じたいとも思いました。10時間以上かけて着いた石巻市はとてもきれいに片付けられていました。8月2日、支援物資のトラックと一緒にマイクロバスで出発。自分の目で見て感じたいというよりも何もない。町がなくなっていることに驚きました。（中略）そんな中、地元の方にいろんな被災の場所を案内していただき、話を聞くことができました。つらい思いをいっぱい背負って、僕たちが知らない同じ時間を過ごしてきたんだと改めて感じさせられました。涙が止まりませんでした。

将来自分たちが同じようなことになるかもしれない、石巻の人たちのように強くない僕たちは耐えることができるのだろうか……、自分の生活を少し改めなければと思いました。いろんな話を聞く中で一番思ったことは、どこで災害が起きてもお互いが助け合っていける日本だとうれしい、そう感じました。

（中略）僕は今回のこの体験で少し大人になったような気がします。またこんな機会があれば参加したいと思います。貴重な体験をありがとうございました。

114

石巻震災エキスプレス

親子で、被災地ボランティア活動に参加して

2013年3月29〜31日活動参加●小木曽淑子

「被災地を訪れるボランティア激減」こんな新聞記事を目にして、一度は被災地に行きたいと思っていた私はその思いをさらに強くしました。できれば息子も連れて行きたい！と考えていたところへ『市民ボランティア募集、親子参加可』というメールが届き、「これは行くべきだ」と思いました。ただ小学2年生の息子が長旅に耐えられるか心配でした。「大丈夫、俺も行きたい！」という息子の言葉を信じて親子参加を決めました。

現地での活動は、ワカメ加工のお手伝いや支援物資を仮設住宅などに下ろすことでした。どこの方も皆明るく元気でした。その一方で、津波に流され、土台だけになった土地が広がる光景に自然のこわさを知ると同時に「なぜ行政などの大きな力が働かないのか」という疑問を持たずにはいられませんでした。息子は長旅に耐えてよくがんばりました。仮設住宅のお母さんたちから「よく来てくれたなあ」と言っていただいたのを聞いて、参加した意義はあったのだと思いました。帰宅後の息子は、フニャフニャになり、よる寝るとき電気が消せなくなったり、後追いのようなこともありました。それくらい見るもの聞くものが、衝撃的だったのでしょう。（後略）

私自身、カレの底力を発見し、たくさんほめてやりました。

3 「チームなかつがわ」へ

2013年3月29～31日活動参加●牧野幸代

今回、初めて石巻へボランティア活動に参加しました。去年から上のこどもが「誰かの役に立ちたい。行きたい！」と言っており、少し日程が厳しいかなと思いましたが、春休みだったので子どもと二人で参加しました。（中略）大川小学校では、子どもの安否を確かめようと必死でたどり着いたであろう親御さんたちの気持ちを思い涙が出ました。それとは別に、結果的には大きな被害となり大切な命が多く奪われてしまいましたが、地震当日、必死で子どもたちの命を守ろうとしたであろう教職員の方たちの無念さに、胸が締め付けられる思いでした。

今後、中津川市にも必ず大地震が来ます。被災された方たちの教訓を生かし、一つでも多くの命を助けるために、災害時の心構えや備えなどを子どもたちと事あるごとに、話し合いたいと思います。貴重な機会を下さり、ありがとうございました。またボランティアに参加したいです。

4

「生きる」ある自宅避難者の目に映った震災〜根子邦枝さん聞き書き

根子さんのこと

2013年8月に、宮城県石巻市松並町の自宅前で、私たち中津川の災害ボランティアがお話を聞きました。根子さんは震災後、自宅2階で避難生活されていました。自宅一階は津波で水没したため、水が引いたのちも住むことができず、一階は外と同じで土足、階段で靴を脱いで、二階の生活でした。避難所には行かず、自宅避難者としてずーと町内を見続け、近所の人を見守ってきました。被災者でありながら、同じ町内の自宅避難の近所の預かり分や分配のため、解放しておられました。自宅一階は、救援物資の近所の預かり分や分配のため、解放しておられました。自宅一階は、救援物資の近所の預かり分や分配のため、解放しておられました。自宅一階は、救援物資の近所の預かり分や分配のため、解放しておられました。被災者でありながら、同じ町内の自宅避難で昼間不在の方々のために、代わりに数戸分の物資を受け取り、きちんと公平に分配しておき、取りにきてもらう。自主的に町内のための被災者支援ボランティア活動を、継続しておられました。

私が初めてお会いしたのは、2011年夏。あのハエの異常発生した夏でした。あれから根子さんは推されて、松並町の町内会長となられ、私たちが花トモプロジェクトで取り組み石巻に持ち込んだ花の球根やタネ、苗木などを、役員の皆さんとともに松並公園で大切に育ててくださいました。交流は、今なお継続中です。

今、震災から2年半ですか。何をやっていたんだろうと言われても、何をしていたんだろう、それだけ無我夢中だったんですね。遠くを見ることを忘れていたんです。

今は胸を張って、前を見ているんです。遠くを見ている、希望を見ている、未来を見ている。

その当時を振り返ると、今どうしようかということしか頭になくて、ヘドロを出そう、まずは食べ物を探そう、水もない、まずは缶詰を拾ってきました。寒かったから、温めて木を焚いて、食べました。それでもお腹が空いたということはなかった。一日一食だけでよかった。まずは、一日一日をクリアにしていきました。先は見ていないんです。早く一年後になりたい、二年後になりたい、という感じが強かったです。

ただ、今思うと、カレンダーの日めくりが毎月毎月めくれないんですね。5カ月経ってから破いていく、そんな感じでした。

5カ月経ったんだ、5カ月生きてきたんだという、そういう自分自身に対する満足感。そういう繰り返しの毎日でした。今日まで、自分はこういうふうにしてやってきたんだよ、と。その結果、今の自分に対する自信になっています。

一週間前のおむすびをいただきました。それは、ここ松並町の場合は、誰も住んでいないと言われていました。われわれは2階に住んでいたので、行方不明者。この辺は、全部亡くなってい

119

4 「生きる」ある自宅避難者の目に映った震災

るとされ、支援物資はきませんでした。震災から2週間ぐらいして、たまたまボランティアさんが入ってきたんですね。すると皆さんが、わーと出てきた。それで、あっ、ここに人がいるんだ、ということがはっきりわかったんです。

それでも市からの支援はなかったのですが、おむすびをもらいました。11週間前のおむすび。それでも食べました。

水の大切さもわかりました。今までは垂れ流し。海を汚していました。それが、海からそっくり返ってきました。石原（慎太郎・元東京都知事）さんじゃないが、天罰じゃないですけど、海を汚してきました。これからは水の大切さに感謝する、海に感謝する、自然に感謝する気持ちを大切にしたい。私自身はそう思っています。

今は、背筋を伸ばして前を見ています。遠くを見ています。それが支援していただいた皆さんに対する感謝。自分たちが生きてきましたよ。やってきましたよ。それを結果として残していくことが、皆さんに対する御礼。生き生きとしている姿を見せることが、今私たちのやるべきこと。今後また震災があったとしても自分たちはまた乗り越えていく。こういうふうにしてやってきました、そういう結果として残していく。言葉より行動。それが私たちがやるべきこと。

他のところで震災が起きても経験を活かして、皆さんにお伝えできます。どんな苦難に対しても乗り切っていける自信はあります。胸を張って、私たちはこういうふうにして生きてきたよ、そういう自信はあるんです。

120

石巻震災エキスプレス

それが今、生かされてきた私たちの仕事じゃないか。今は一生懸命花を咲かせて、亡くなった人に対する私たちの仕事回もヘドロをとって、耕して、それではじめて花を咲かせる、自分の庭で。これは私たちが何回も何いたら、それを切って仏壇に供える。亡くなった方たちに供える。そしてやっとここまできた。自分たちで、自分の手で咲かせて、この地にも花が咲くんだよということを、皆にわかってもらいたい。

そして、その花を亡くなった人に捧げる。それが供養。そこで初めて涙が出るっていう。その前は涙が出ませんでした。心も止まっちゃっている、だから涙も出ない。涙を流すということも忘れていたんです。笑うことも忘れていました。

ただ、今ここへ来て中津川の皆さんからいただいたチューリップ。流されて亡くなった方はたくさんいるんです。この地にも、チューリップの花が咲くようになったんだよ。皆さんが集まってきて、花を見て、きれいだね、そこで初めて涙を流す。「やったよ」「汗水流して、花が咲いたよ」。

弔うこと、それは震災で残った人々の仕事だけれど、簡単に手を合わせることじゃない。自分たちの仕事をして、一生懸命やって、汗を流して、ここまでやったよ。その結果として初めて、手が合わさる。そこまでやったよ、今はそんな心境。ここに来て初めて涙が出る。

小さな子どもたちに、こういうふうにやったよと教えることも、私たちの仕事。小さなことに対しても感謝すること、それも子どもたちに教えていく。そしてルールも教えなきゃいけない。

121

4 「生きる」ある自宅避難者の目に映った震災

団体生活のルール、机の上の道徳じゃなく、あなたたちが震災のあと胸を張って、あなたたちは現実に行動してきたんだから、これが道徳なんだよ、人として助け合う、それが道徳。現実的にあなたたちは生きてきたんだから。だからそれを大切にして教えていく。震災のとき、こういうふうにしようと。

自分たちで、行動しなければいけない。全面的に支えてもらうのではなく、自分たちは生き残った。その意味を考える。今は自分の力で生きる。いろんな物を人に頼りっぱなしにするのではなく、まずは自分が前に進むこと。すすんでそして後ろでそれを支えている人がたくさんいるから、それを忘れないで、自分でやれることをまずやる。

今は、自分の力で生きなくちゃいけない。でもそれに甘えてはいけない。食べ終わった後、心に残ることがある。どうして遠くから来て、ここまでやっていただけるんだろう。何かのときに考えてもらえたらいいなあ。

だから、人の優しさ。人は一人では生きていけない。だから、人なんだ。震災にあった人たちが、自立していくことが、皆さんに対する感謝の御礼。今は、それを自覚しなければならない。自分たちがこういうふうにして生きていきます。前を見て、胸を張って、生きていく。それが支援していただいた人たちへの感謝の気持ち。そうじゃないかな。心だから、心で返さないといけない。態度で示さなきゃいけない。

──（質問）家に残ってみえたけど、どうして避難所に行かなかったのですか？

行かなかったのではなく、行けなかったのです。気がついたときには、波がそこまで来ていました。防災無線は聞こえませんでした。聞いた人もいました。情報がありません。海で育った人間じゃないので、津波の恐ろしさがわからなかった。

津波の前、事務所の2階に避難しました。車が流れ、ガスボンベも流れ、爆発し、小学校1年生の孫が窓を開けて見ているんですが、死にたくないよー、死にたくないよー、と泣いていました。下の男の子は泣かなかった。その方が怖かった。木が流れてきたので、それに乗って2、3分の距離を何とか自宅まで、来た。後15分遅かったら、引き波で死んでいました。月明かりで明るかった。家の前の庭にトレーラーが、突っ込んでいました。それをくぐって、玄関にたどり着きました。玄関のカギを開けようとしましたが、開きませんでした。その横のリビングの引き戸のガラスはなくなっていたのに気がつきませんでした。目に入っていなかったのです。いつものように玄関から入るものと。

家の中は、ヘドロでぐちゃぐちゃ。2階へ上がって、着替えました。身体は疲れきっていて、外は暗くてどういうふうになっているか、わかりませんでした。朝になって現実がわかりました。窓から見て、まわりが何もない。山がこんなに近かっただろうか。海がこんなに近かっただろうか、という現実。よく戦争の映画がありますね。あれなんです。でも、それが理解できないんです。箱を置き、その上に足をのせ歩いていく、流れてきた物を拾う。何か食べ物を探さなくては。

123

4 「生きる」ある自宅避難者の目に映った震災

拾って淡々と食べる。何にも言わず、淡々と食べる。みんなで9人避難してきました。前のうちは息子さんが亡くなりました。二人お子さんがいるんだけれど、下に降りていって流された。隣のうちはお父さんお母さんが亡くなった。次の日に探しにいったが、車がないので逃げたんじゃないか、でももう一回探しにいったら、足だけ見えた。そういう現実。それを見ても泣けない。フトンを持ってきて、1階で寝かせていました。ガラスもない1階で。ただ、フトンだけかけて。顔もヘドロがすごい。顔を洗ってあげることもできませんでしたが、顔を見ることはできません。見るとそこで自分が止まってしまうのです。だから、見られない。今は見ちゃいけないんだ。見られない。そして、お線香もない。ただフトンをかけただけ。そこにずっといるんだけれど、みんなそうだったのですが、泣くこともない。ただ、お母さんは思い出しては泣く。しかし、その人に声がかけられない。後ろから、さすっているだけ。「でも、遺体はここにあるから、あるだけまだいいよね」。そういう言葉しか言えない。だから、運が悪くて死んじゃった、そういう言葉一つ一つにすごく気を使います。じゃあウチの息子は、運が悪かったの？という言葉になるからです。言葉一つにすごくピリピリしていました。声がかけられない。ただ後ろから黙って支えているだけ。そういう状況でした。そこからの出発、そういうふうに頭を切り変えないと、前へ進めません。昔はこうだったから、そういうことは考えない。

「ヘドロの中から自分たちは生まれたんだ」。そういう感覚でないと、前へ進めない。やっとここへ来て、涙を流す。人としての感情が戻りました。ロウソク生活が3カ月以上続き

ましたから、かがんでしまう。目の前しか見えない。落ち着いてくると、背が起きてきてまわりが見えるようになりました。みんなそう。手をつなぐようになってきて、輪になってきました。

5 避難所／仮設住宅 生活実態調査アンケートからわかったこと

2013 年 10 月 13 日
岐阜県中津川市防災市民会議（チームなかつがわ）

被災生活実態調査

記入日　　年　　月　　日

東日本大震災で被災された皆様に、心からお見舞い申し上げます。
被災後の生活状況と課題についてのアンケート調査に、ご理解ご協力をお願いいたします。
調査結果については、個人情報に配慮をした上で、貴重な防災資料として活用させていただきます。
該当する箇所に○または記入をお願いします。

1、　あなたは？　（男性・女性）

2、　年齢は？（10代・20代・30代・40代・50代・60代・70代・80代以上）

3、　同居家族の人数を教えて下さい。
　　　震災前、一緒に住んでいたのは（　　）人　　今現在は（　　）人

4、　被災後、どこに避難されましたか？
　　　避難所に行った方は（A）に、避難所には行かなかった方は（B）へ
(A)　避難所に行ったと、答えた方にお尋ねします。
①避難所名　　　（　　　　　　　　　　　　　　　）

　避難所生活期間（　　年　　月　　日）～（　　年　　月　　日）

②避難所生活で困った事はたくさんあると思いますが、3つ上げるとしたら
　（　　　　　　　　　　　　　　　　　　　　　　　）
　（　　　　　　　　　　　　　　　　　　　　　　　）
　（　　　　　　　　　　　　　　　　　　　　　　　）

③避難所生活で一番悲しかったできごとは？
　（　　　　　　　　　　　　　　　　　　　　　　　）

石巻震災エキスプレス

④避難所のどんな場所に、あなたはいましたか？　そこになった理由は？

(　　　　　　　　　　　　　　　　　　　　　　　　　　　　　　　　)

⑤避難所内で、トラブルはありましたか？　あればどんなことでしたか

(　　　　　　　　　　　　　　　　　　　　　　　　　　　　　　　　)

⑥避難所運営は、どのようになっていましたか？

(　　　　　　　　　　　　　　　　　　　　　　　　　　　　　　　　)

⑦避難所運営で、トラブルはありましたか？　あればどんなことでしたか

(　　　　　　　　　　　　　　　　　　　　　　　　　　　　　　　　)

⑧避難所生活の間で、ほっとした事があれば、お教えください？

(　　　　　　　　　　　　　　　　　　　　　　　　　　　　　　　　)

⑨避難所として、災害前に用意しておくとよい設備やモノは、何でしょうか？

(　　　　　　　　　　　　　　　　　　　　　　　　　　　　　　　　)

(B)　　避難所には行かなかった、と答えた方にお尋ねします。
　　　① 災害後は、どこにいらっしゃいましたか？（自宅・自宅以外）

　　　② 行政情報、食糧や救援物資の入手は、どのようなご苦労がありましたか？

(　　　　　　　　　　　　　　　　　　　　　　　　　　　　　　　　)

5　避難所／仮設住宅 生活実態調査アンケートからわかったこと

5、避難所生活の後、仮設団地に移動された方にお伺いします。
　①仮設団地名　　　　　　　　（　　　　　　　　　　　　　）

　②仮設団地生活で困っていることを、3つあげるとしたらどんなことですか？

　　　　　（　　　　　　　　　　　　　　　　　　　　　　　）

　　　　　（　　　　　　　　　　　　　　　　　　　　　　　）

　　　　　（　　　　　　　　　　　　　　　　　　　　　　　）

6、現在自宅に住んでいる方にお伺いします。
　①住んでいる地区名　　　　（　　　　　　　　　　　　　）

　②今、自宅生活で困っていることは、どんなことですか？

　　　　　（　　　　　　　　　　　　　　　　　　　　　　　）

7、現在アパート（みなし仮設）に住んでいる方にお伺いします。
　①震災前に住んでいた地区名（　　　　）今住んでいる地区名（　　　　）

　②今、アパート生活で困っていることは、どんなことですか？

　　　　　（　　　　　　　　　　　　　　　　　　　　　　　）

8、今後の生活再建についての抱負や予定をお聞かせください。

　　　　　（　　　　　　　　　　　　　　　　　　　　　　　）

9、 震災前に行っていた防災訓練は、今回の震災で役に立ちましたか？
　　①役に立ったと思う人に伺います。どんなことが役に立ったでしょうか？
（　　　　　　　　　　　　　　　　　　　　　　　　　　　　　　　）

　　②役に立たなかったと思う人に伺います。なぜ役に立たなかったのでしょうか？
（　　　　　　　　　　　　　　　　　　　　　　　　　　　　　　　）

10、今のご自分、今の生活を支えている心のよりどころがあれば、お教えください。
（　　　　　　　　　　　　　　　　　　　　　　　　　　　　　　　）

11、避難所や仮設団地で、地元学区の小中高生の活動で、何か感じたことは？
（　　　　　　　　　　　　　　　　　　　　　　　　　　　　　　　）

12、災害ボランティアについてのご意見、又何か感じていることがあれば。
（　　　　　　　　　　　　　　　　　　　　　　　　　　　　　　　）

13、その他、どんなことでも

　　ご協力ありがとうございました。ご回答後は、封筒に入れてお戻しください
　最後に、差支えがなければ現在の御住所とお名前をお願いします。
　・御住所：　　〒＿＿＿＿＿＿＿＿
　・お名前：

5　避難所／仮設住宅 生活実態調査アンケートからわかったこと

性別構成

- 男性 85人 32%
- 女性 163人 61%
- 無回答 20人 7%

年齢構成

人数

年代	人数
20代	5
30代	14
40代	36
50代	55
60代	57
70代	62
80代〜	15
無回答	24

調査方法

2013年10月、宮城県石巻市の仮設住宅生活の皆さん、および一部みなし仮設や在宅で生活しておられる方にもアンケートをお願いしました。総数1230部配布。後日、自治会長を通じて回収を行い、268人の方から回答を得ました。

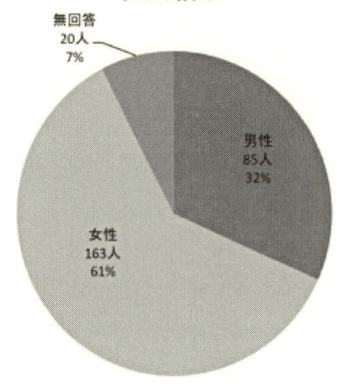

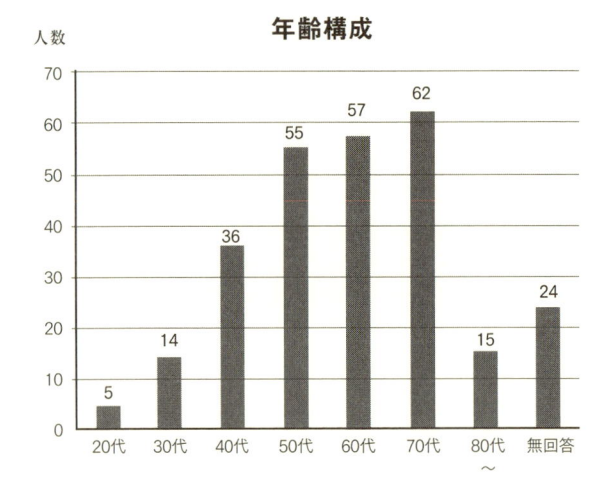

Q4（A）② 避難所生活で困ったこと

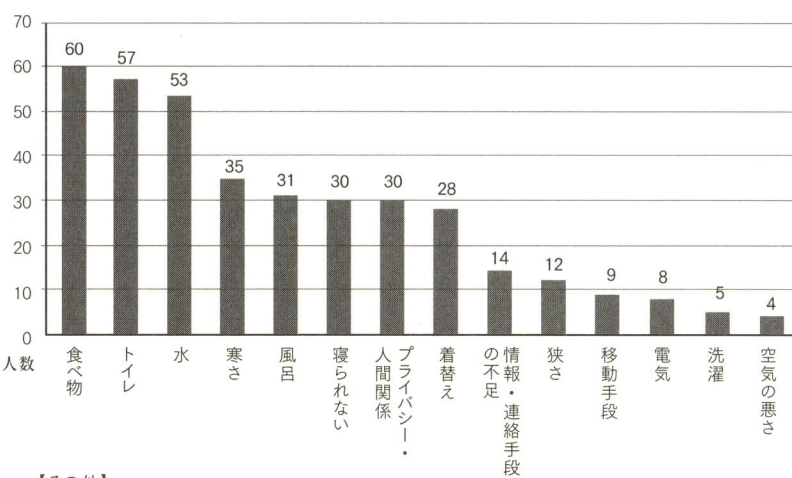

項目	人数
食べ物	60
トイレ	57
水	53
寒さ	35
風呂	31
寝られない	30
プライバシー・人間関係	30
着替え	28
情報・連絡手段の不足	14
狭さ	12
移動手段	9
電気	8
洗濯	5
空気の悪さ	4

【その他】
・毛布を敷いて寝ていたが、板目に寝ているのと同じで足腰が痛かった／・着替えも明かりもなく、日が上がったら起きだし、日が沈んだら寝るという毎日／・物資分けがひどかった／・トイレの水がなく、プールの水を手渡しで運んだが、プールには車が何台も沈んでいて、その中に人がいるのではという思いが毎日した／・おにぎりやパンが届くようになってからは一人頭の計算で届けられるが、少しずつ人数が減っていっても食料の数を減らすのは難しいと言われ、毎日届くおにぎりとパンの処分に大変困った

Q5② 仮設生活で困っていること

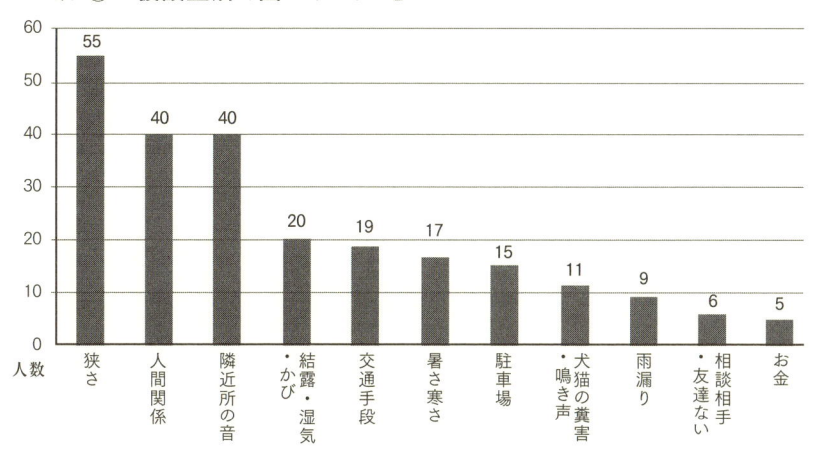

項目	人数
狭さ	55
人間関係	40
隣近所の音	40
結露・かび・湿気	20
交通手段	19
暑さ寒さ	17
駐車場	15
犬猫の糞害・鳴き声	11
雨漏り	9
相談相手・友達ない	6
お金	5

【その他】
・子供の遊び場がない、仮設内に子供の友達が少ない／・昼間仕事で仮設にいないので、支援や情報が得られない／・安らげる場所がない／・集会所に行かない人、行事に参加しない人がいる／・構造として、縦に3部屋続きは生活しにくい／・壁に隙間があいている／・床がギシギシする／・子供たちに我慢ばかりさせている

Q4（A）⑨　避難所に用意しておくとよい設備・モノ

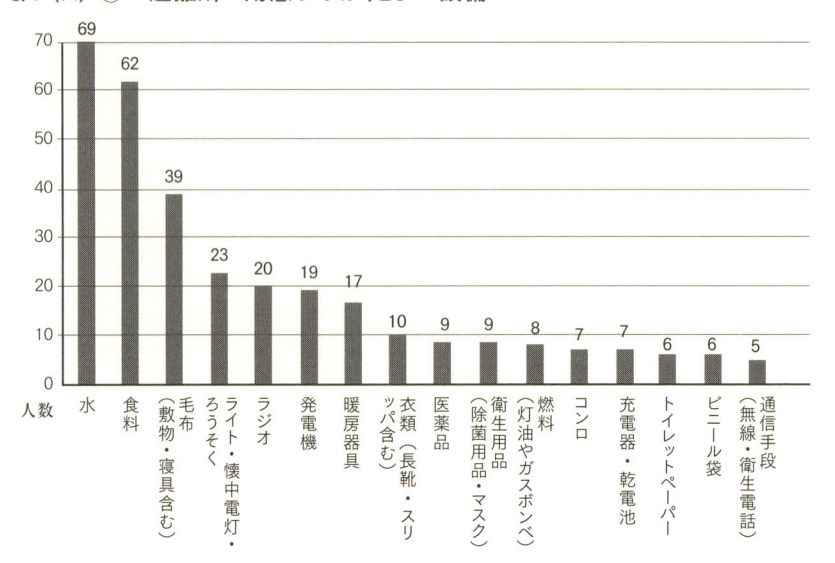

項目	人数
水	69
食料	62
毛布（敷物・寝具含む）	39
ライト・懐中電灯・ろうそく	23
ラジオ	20
発電機	19
暖房器具	17
衣類（長靴・スリッパ含む）	10
医薬品	9
衛生用品（除菌用品・マスク）	9
燃料（灯油やガスボンベ）	8
コンロ	7
充電器・乾電池	7
トイレットペーパー	6
ビニール袋	6
通信手段（無線・衛生電話）	5

【その他】・おむつ、お尻拭き／・簡易トイレ／・生理用品／・間仕切り／・車いす／・粉ミルク／・タオル

Q6②　自宅生活で困っていること

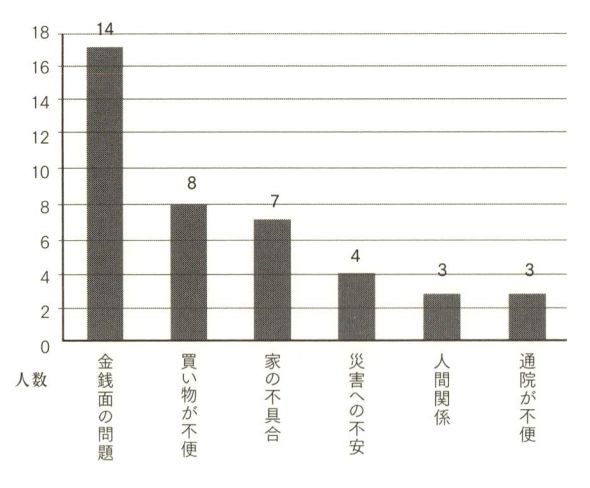

項目	人数
金銭面の問題	14
買い物が不便	8
家の不具合	7
災害への不安	4
人間関係	3
通院が不便	3

【その他】
・子供の遊び場がない／・バスのルートが震災前と同じで、家がないのを見るのが苦痛／・仮設の人のように色々なサービスが受けられない／・家の再建のふんぎりがつかない

Q9 ② 訓練が役に立たなかった理由

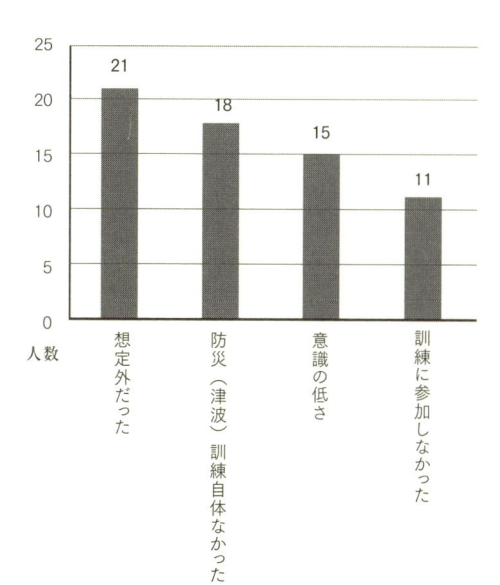

理由	人数
想定外だった	21
防災（津波）訓練自体なかった	18
意識の低さ	15
訓練に参加しなかった	11

「被災から学ぼうさい」ヴォイス オブ 268（1）

2013年10月に、本会が支援している宮城県石巻市仮設渡波第2団地の皆さんを中心に、仮設渡波第1、仮設万石浦そして一部は、みなし仮設や在宅避難者の皆さんにもお願いし、震災後の心情アンケートを実施しました。アンケートには、268人から回答がありました。現実的な

設問に率直な回答をいただいたので、それを元に、わかりやすく読みやすくコメントも織り交ぜて、被災から学ぶ防災に再編し、コラム形式でご報告します。

そこから被災者の本音の一端を感じ、被災の現実を学んでもらえれば、それぞれ自分のこととして備えとして活かしてもらえれば、うれしいです。

それが、私たちにできる最大の被災者応援活動ともなるはずです。

被災者からあなたへのメッセージ。その貴重な声をお届けします。

私たち市民団体が、実施した心情調査アンケートにご協力していただいた石巻の皆さんには、心からお礼申し上げます。

（1）避難所で困ったことは、ありとあらゆること

日常ならあって当たり前、できて当たり前、それが忽然と一瞬で姿を消すのが災害という非日常。被災後、人は生きていても、亡くした人への悲しみが強すぎて、失くしたものが多すぎて、直後には空腹や排泄などの生理的欲求が一時的に減少したとしても、生身の身体は、おいそれと非日常対応となるわけではありません。はじまった避難所生活での状況を、震災から2年半後に振り返っていただきました。（避難所生活の期間は、人により数日から最長6カ月ほど）特に困ったことを、各自三つあげていただきました。

136

石巻震災エキスプレス

被災非日常から被災日常の毎日のはじまり。避難所は生活の場、そのなかで、

① 飲食料　② 睡眠　③ 衛生　④ 人間関係。これにプラス治安。

これらが刻々と変わっていくのが、被災日常生活の特徴。

①②③は「直後の最悪」が数日続いたのち、徐々に好転していきますが、失ったものの大きさや将来を見通せない不安定な状況に晒され、心の疲弊や疲労は蓄積していきます。同じ境遇の者どうしでお互いに助け合えるその一方で、24時間全日毎日お互いをさらけ出す集団住環境のなか、そのストレスは想像以上なものがあると思われます。

発災直後、その日のうちから必要な「食う」「寝る」「出す」の確保と安心。

これも切実、キタナイからキレイへの欲求、保健衛生。

そして、集団生活で溜まるストレスと、身の回りの安全。

最初はもちろん、生きるための条件があるかないか、命の確保、その世界。

そこから少しでも量を、質を、欲求と自制とあきらめの世界。

被災非日常から被災が日常、という1日1日が長くも短くある種、収容所生活。

やることがないか、やることが多すぎて、毎日試練と恵みを与えられて。

① 飲食料は、結果として日とともに増加するも、発災直後の窮乏は、誰もが想像を絶するものでした。飲食料の確保や収集の苦労は、生涯初めての体験と言えます。備蓄しているものや持ち寄ったものを分け合って、しのぐしかなかった。

137

5　避難所／仮設住宅　生活実態調査アンケートからわかったこと

② 飲食料同様、睡眠も最初避難した建物や場所や設備の諸事情によってことなり、避難者の数と質、備蓄物資の量により、その時その場で被災者どうしの柔軟な判断が求められます。この判断は一度決めても、状況が変わればまた変更する柔軟な判断がもとめられます。部屋替え位置替えは、集団を取りまとめするリーダーシップや集団全体の要請があり、個人の理解了解がなければできません。

③ 衛生の第一は、排泄物を受け入れる「使えるトイレ」です。特に女性、お年寄りの安心にはかかせません。激甚災害現場では、煮炊きの器材以上に緊急性のある最優先救援資機材といえます。いったい何人の排泄物を解決しなければならないのか、女性や子どもやお年寄りはもちろん、誰にとっても本当に深刻。いつでもどこでも、これならいいという万能な解決法はなく、飲食同様、その状況で使えるものできることの知恵のしぼりあい。そのとき役に立つのが、緊急時の防災一般知識以上に、現実的柔軟性です。個室のなかでしゃがめるもの、受けるもの（包むもの）、拭くもの、排泄処理剤、消臭剤など、どうするか、どうやって調達し、どう使えるように間に合わせるか。

ほかにも、マスクやラテックス手袋のほか、石鹸や生理などの衛生用品ももちろん欲しいですね。

身体が不潔になる、下着が汚れる、それを我慢する非日常。手を洗いたい顔を洗いたい、その他お風呂に入りたかった、服を着替えたいができなかったのがつらかったという声は多

かったです。発災当時は、まだ雪が降るほど寒かった日もある3月、それも少しずつ緩み4月。なにより身体は清潔さと温もり、癒しをのぞんでいました。私たちは3月下旬お風呂の準備活動を始めましたが、実現させることはできませんでした。お風呂は設置から運用まで、ハードルが高いことをそのときつくづく痛感しました。自衛隊や民間のお風呂がやってきたのは、被災から少なくとも30日以上たっていたと記憶しています。もちろん全ての避難所にあったわけではありません。普通30日も風呂に入らないことは、誰も経験がありません。が、それが当たり前となる被災地だからこそ、必要なお風呂です。設置できなければ、入浴できるところまで移動する手段と方法と費用の工面を考えてみるのもいいでしょう。

④ プライバシーのない生活を、四六時中家族以外の人の目にさらすのが、避難所。当然増すストレス。女性は特に、まわりが気になります。避難所に更衣室や授乳室、化粧室、洗濯ができるようになれば下着を干す乾燥部屋など個室の確保に配慮することは必要でしょう。

避難所となっているスペースに間仕切り用段ボールはどのくらいあるのか、間仕切りにした方が良いのか床敷きにした方が良いのか、使用にあたっては、数量と効果的使用方法、利点欠点を考え、追加状況に応じて考えましょう。

そして、各種の雑音鳴き声泣き声やいびき、またラジオやテレビの音、汗や身体の匂い、空気のにごり、まちまちの生活時間、消灯の時刻などなど各自が大きなストレスを持ち、ひたすら皆我慢者（いわゆる被害者）です。しかし同時に、誰もが何かの問題の発信者（いわ

5 避難所／仮設住宅 生活実態調査アンケートからわかったこと

ゆる加害者）でもあります。

イライラが抑えきれなくなると配慮の強制や感情爆発が起こり、その結果、人をはじくか、はじかれる。仲裁に入る被災者も、ストレスの塊。逃げ場のない生活空間は悲喜こもごも。ああいやだいやだ、でも逃げられない。それが避難所のつらいところ。

まだまだある、避難所で困ったこと。
寒いときは寒いし、暑いときは無性に暑い、避難所はもともと生活の場所じゃない。
冬、寒い、寒い、寒い。窓を開ければもっと寒くなり、開けなければにごる空気。風邪をひきやすく、うつりやすい。
せめて、もっと寝具ない？毛布ない？服着たまま寝るのも、慣れる？
障害を持った方のご苦労は、健常者の苦労の倍以上と考えましょう。

追記
みんなの貴重品。私の貴重品。
今時、みんなの貴重品の第一はケータイ。でもバッテリーがなくなれば、何の役にも立たない。
女性には生理用品はもちろんですが、化粧品だって貴重品。
乳児にはオムツにミルクですが、哺乳瓶とお湯がなければ、飲めない。

一部のお年寄りの必需品、それはオムツ。清拭の衛生材料がなければ、ひどいことに。個別に必要な貴重品。自分用の薬、自分用の入れ歯、自分用のメガネ。自分用の補聴器。そして自分用のカツラ。その他自分の体に必要なものは、他人にはわからない。

(2) 避難所で悲しかったできごと

やはり筆頭は人間関係。避難所の避難者のなかで起きるすれ違いや冷たさ。もちろん自身にとっては、家族の安否確認ができなかったり、遅れたこと。そして、家族や知人の死。目の前の盗難なども。

(3) 避難所のどんな場所に

行った先、行ったときにそこにいた人数、行ったときの部屋の状況、でさまざまな回答でした。到着時刻が遅くなれば、それだけ不利、不便、ときには入室不可能ということも。

(4) 避難所運営は

リーダーがいるとスムーズ。その反面、誰をリーダーにするかでみんなで決めたリーダーでない場合、不満も。またリーダーの才覚の程度やリーダーの度々の変更で、混乱も。種々の決め事も、臨機応変の柔軟性や即断即決の決断と責任が求められることは言うまでもない。平時のリーダーシップより非常時のリーダーシップはそこが異なる。

5 避難所／仮設住宅 生活実態調査アンケートからわかったこと

(5) 避難所でのトラブルは

主観や思い込み感情入り乱れるなか、公平平等を最優先しながら、弱者にはやさしく手厚く、慎みと配慮を持って、そこがカギ。

ペットについても、一筋縄ではいかない。

(6) 避難所でホッとしたこと

人は人によって癒される。衣食住と衛生環境が足りるまでは、なおさら。

電灯がつけば人が見えるし、電話がつながれば声が聞こえる。

自衛隊も消防もボランティアも、みんな人。自分の周りに人がいる。その安心感が、元気のもと。

(7) 避難所に用意しておくものは

自分たちが困ったものの全て、さまざま。

もちろん、水、食料、毛布が筆頭ではあるが、その他発電機や卓上コンロの意見がけっこう多かった。

灯りや温かい飲み物は、なにしろうれしい。

(8) 仮設団地生活で困ったこと

夏は暑くて冬は寒くて結露、そしてカビの出やすい仮設団地。薄い壁で安普請の個室住環境は、仮設以外の何物でもないが、2年が3年になりさらに延長されて4年ともなれば、避難所以上住宅以下の位置づけで、想定外の長期仮設時代をそこで暮らすことになり、不満も出て。

142

石巻震災エキスプレス

あわせて、長期になればどこでもいつでもだれとなく例の人間関係のこじれ、疲れ、固定化のストレス。仮設に住んでいるからというよりも、仮設という住環境からくるストレスで、縮んでの息苦しさ。

動かしてきた体も、ついつい動かさなくなる癖がついた避難所から仮設までの「縮み生活」の常態化。

（9）自宅生活で困っていること

人の減少、店の減少。買い物は前より遠くなった。不便になった。買い物には車が要る。車を使えば、余計な費用がまたかかる。足がなければ生活できない。何と言ってもお金の不安。ローンの支払い。

行政サービスは、在宅被災生活者より仮設生活者の方が手厚く見える。

（10）今後生活再建について

もう一度、家を建てたい。もう一度家族と一緒に、暮らしたい。やはり、生活のもと、元気のもとは、家。そして家族。もとに戻れることと後戻りできないことが交錯する中で、時間は進む。

（11）防災訓練は、役に立ちましたか

一番多かったのは、そもそも防災訓練に参加したことがない。次に多かったのは、防災訓練は役に立たなかった。

亡くなった方に聞くことができれば、右の二つがさらに増えるのでは。

5　避難所／仮設住宅　生活実態調査アンケートからわかったこと

逃げ場所を普段から確認しあうのが地域防災訓練だが、災害時どこにいても少しでも「高台に」と、すばやく「逃げる」。これが自分判断でおこなえる力を養う。それが津波防災訓練でしょうね。

ただし、津波の高さの想定はせずに。

(12) **今の心のよりどころは**

家族、友だち。はげまし。

(13) **避難所や仮設でみる、小中高生について**

眼に映る、ふれあう。大人にとって子どもの存在や活動は宝のよう。一生懸命の姿は、忘れられない。水汲み、掃除や食料運び、キラキラ眩しかったです。早く自分の学校に戻してあげたかった。仮設の建つグランドも早くお返ししたいが。

(14) **災害ボランティアについて**

国内外から来てくれた、そして今も来てくれているボランティアの皆さんに感謝、という圧倒的なご意見以外に、ボランティアに辛口のご意見を少し。

「湊小の避難所を地元住民から引きさいた関西の女性、今でも怒りを覚えます。彼女にのっとられた感じが強く、自宅が目の前なのに行けない我が母校。悲しかった。いつかどこかでだれかに伝えたかった。くやしかった。」

「湊小で洋服をもらいに行った時、態度の大きな女性にビックリ。物をくれてやっているんだという感じでしたね。」

「ボランティアの中には自己満足している人が以外と多かった。うんざりしたこともある。今日まで私はボランティアに手を借りたことはない。二人だけで再建しました。すごく大変でした。行政は避難所や仮設のことばかりで、自力で再建している人にも支援をしてほしいと思う。そこをボランティアで補ってほしいと思う。」

そして、こんなご意見も

「ボランティアといって何かやっていたが、何をしているのかわからない。」
「地区が壊滅状態のため、たくさんのボランティアの方がいらっしゃったのですが、情報もなく受け入れもできないことがあった。」

被災者からは

「これまで天災があった時、大変だなとニュースを他人事のように眺めて何もせず、申し訳なかった。今後、何かの形で私も人のために尽力できる人になりたい。」

(15) さらに本音やつぶやきは続く

「津波の怖さに、心の余裕がなく、人にやさしくなれない。心から喜べない自分になった。」
「築5年目に自宅が災害にあい、かわいい孫二人亡くし主人も大変ショックを受けました。70歳にして一からやり直しです。」
「震災後私たちの田舎にも首都圏ナンバーの車で泥棒がきました。電線を盗みにきてましたからね。警察に捕まったようですが、人を助けに来る人、泥棒に来る人、世の中にはいろいろな人がいることを知った。」

「このような震災の場合、コンビニやスーパーへの物資盗難は仕方ないにしても、一般家庭への侵入は許せない。自警団などの対策も必要。」

「今回の震災は当事者ばかりでなく、いろんな意味で勉強になったと思います。便利生活に慣れた私たちが何日もお風呂に入らずローソク生活を経験しながらも誰も文句を言わず、人情の温かさに感謝する心があることに気づいただけでも良かったです。」

「一日でも早く、以前のような生活に戻りたいと思っております。それには前向きな思い、行動が必要です。何年経っても「被災者」ではなく、「普通の人」になりたいです。「被災者」に甘えたくないのです。手を差し伸べられるのを当たり前と思いたくないし、差し伸べた方に「もう、ひとりで立てるよ」って言えるようにならなくては。私はこの国の方々は素晴らしいと心から思います。『あせらず、あわてず、あきらめず』を心に!」

6 大川小学校被災勉強会

『大川小学校で亡くなった子どもや先生から、見られている私たち』

亡くなった児童の親であり教師である佐藤敏郎先生のお話　聞き書き

「楽しく学び、遊んでいた、大好きな大川小学校でたくさんの子どもが犠牲になりました。あの日から私たちはずっと考えています。

子どもたちの小さな命が問いかけているものはなんだろうと。遺族はもちろん、関心を持っている方すべて、市教委や検証委員会のみなさんも、ずっと考えているのだと思います。

小さな命の問いかける意味は、深く重い。それに向き合いたいと思います。何をいつまでと思うかもしれません。その通りです。時間はどんどん過ぎていくのですから。

警報が鳴り響く寒い校庭で、子どもたちは危険を察知し、逃げたがっていて、それでも先生を信じて、指示をじっと待っていました。その事実から目を背けてはいけないと思います。あの日の校庭に眼を凝らすことで、何か大切なことが見えてくるはずです。悲しみは消えることがありません。でも、この悲しみはあの子達の存在そのものです。忘れる必要も乗り越える必要もなく、いつもそばに感じていていいのだと思います。

あの日の校庭もそうでした。多くの人が、このままではいけないと感じています。誰かが「そっちへ行くな」と声をあげなければ。（後略）」（小さな命の意味を考える会のホームページから）

148

石巻震災エキスプレス

転記）その代表をつとめる佐藤敏郎さんは、大川小学校6年生の娘を亡くした保護者であり、当時女川中学校に勤める国語教師。

「私はこの震災で3人の家族を津波で亡くしました。長女は長男と一緒にあの日大川小学校で津波にのまれて長男は助かったものの、長女は亡くなりました。生き残った長男がずっと証言を続けてきていることも認めようとしない市教委いや、大人たちを長男はどう見ているのでしょうか？誰か正しい背中を見せてくれる大人はいないかと。これまで、市教委や大川小学校事故検証委員会に訴え続けてきましたが、立場や組織を守ることばかりに徹している大人しかいませんでした。（後略） 遺族 只野英昭」（大川小学校児童津波被害国賠訴訟を支援する会のホームページから転記）

大川小学校津波被害２０１１年（平成23年）3月11日以降の経緯

3月11日 東日本大震災14時46分発生、15時37分大川小に津波到達。

3月15日 唯一生き残ったA教諭が校長にメールで状況報告（校長はその後メールを削除）

3月16日 校長が市教委に「校庭に避難、引き渡し中に津波」「油断」と状況報告

（この日の記録は24年6月に指摘されるまで公開せず）

3月17日 校長が初めて現地へ（当日は、年休を取り自宅にいた）

3月25日 A教諭と校長が市教委報告。この時の詳しい記録なし。メモは廃棄したとのこと。

3月29日 遺族に説明のないまま、生存児童の登校式を実施。

149

6　大川小学校被災勉強会

4月9日 第1回説明会。A教諭出席。説明に矛盾点多く、その後問題となる。山には倒木で避難できず、そのため三角地帯へ避難中に被災と説明。(報道記者入れず)

5月初～中旬 生存児童らに聞き取り調査。児童の他は3人だけ(A教諭、当日不在だった用務員、市職員)。A教諭の証言は3月25日のもの。(簡単な記録しか残されてなく、メモもすべて廃棄。あとで問題となる)

6月4日 第2回説明会。亀山市長出席。避難開始は津波12分前の15時25分頃としている。「倒木があった」ではなく「倒木があったように見えた」に訂正。マニュアルでは避難場所は「高台」ではなく「近隣の空き地、公園」となっていたが、大川小の近くに児童全員が集合できる「空き地、公園」はない。市長は「自然災害の宿命」「学校の建物は市だが、教育の中身は教育委員会」等と発言する。説明会の冒頭に「今日の説明会は1時間程度」という言葉があり、質疑の途中で「時間なので」と一方的に打ち切った。今後の説明会はないとし、説明会後の取材には、「遺族は納得した」と答えた。(報道記者を入れず)

6月25日 境直彦教育長就任(前教育長は病気療養のため、震災当日は空席だった)。

8月21日 再調査と遺族との対話継続を明言。また遺族の全家庭を訪問することも明言。報道により5月の聞き取りの際の調査メモを廃棄していたことが明らかに。市教委は再調査実施を決定。

10月 迎えに行った保護者などに聞き取り調査。A教諭は連絡が取りえない状況にある

150

石巻震災エキスプレス

（平成24年）

1月22日　と説明（ドクターストップ、その後現在に至るまでドクターストップ）（市教委に、再三説明会の開催を要望したが実施せず。教育長の遺族訪問は途中で中断）

3月18日　第3回説明会。A教諭が6月3日に学校にFAXしたという手紙が公開される。担当者が保管し、表に出さなかったとのこと。校長宛、保護者宛2通あり。6月の説明会の内容に11月までに関係者から聞き取った内容を加えた時系列の表を示して説明。避難開始は津波7分前の15時30分と変更。マニュアルの不備だけでなく、引き渡し訓練を一度も行っていない等、事前のずさんな防災体制が明らかになり、一部人災の面もあったと教育長が認める。

4月〜5月　第4回説明会。津波から逃げた時間は1分もなかったことを教育委員会が認める。子ども、バス運転手らが「山に逃げよう」と進言したことを市教委は確認できないと否定。遺族は、第一回のA教諭の証言矛盾点を質問。明確に答えず。教育委員会の大川小事案担当者二人、そろって転出。新たに教育委員会に入った二人が後任。できるだけ早く持つといった説明会は実施されず。

6月初旬　突然市教委が「第三者に検証を委託するという事業に2000万円（のちに5700万円に増額）の予算を計上」と発表。遺族への事前の相談一切なし。検証委員は市教委の契約コンサル会社が選び、遺族も市教委も検証委員には入らず。

6月中旬　震災5日後3月16日に校長が市教委に報告した時の報告書が明らかに。「引き渡

7月8日

し中に津波」「油断」等の記載があり、市教委では、ほとんど逃げていないことを、把握していた。遺族は質問状を提出。市教委は回答書と記者会見で、この報告は校長が避難所等で側聞為した内容なので真実でないと修正。
子ども達は山に逃げたがっていて「山に逃げよう」と先生に意見を言っていたことが明らかに。昨年5月の聞き取り調査で子ども達が証言したが、市教委の報告書からはカットされていた。3月18日の説明会では「市教委としてはおさえていません」と答えていたが、実はわかっていたことも明らかになった。校庭からの移動開始は、県道に川の水があふれてきてからである。津波にのまれる前20～30秒の移動と思われる。民家裏の狭いルートをわざわざ通り、しかも津波がきているのに川に向かって移動した。列も乱れ、途中から子供が先頭になっている。完全に行き当たりばったりで、避難とは言えない。「津波が来たから逃げた」だけ。

私たちは、2014年（平成26年）12月20日の第30回震災支援活動のおり、大川小学校で子を亡くした親であり、教員であり、冒頭で紹介した「小さな命の意味を考える会」の代表者、昨秋にはNHKの報道特集番組で取り上げられ、朝日新聞発行の週刊誌『アエラ』2014年12月29日・1月5日合併号「日本を突破する100人」の一人としても紹介された佐藤敏郎先生に、現地石巻市でボランティア全員がお話を伺いました。
先生はこれまでの経緯を説明した上で（前述した時系列は支援する会資料も参考にしました）、時間をとっていただき、

152

石巻震災エキスプレス

遺族への説明会の議事録を、市教委は第1回も第2回もとっていなかったこと、報道機関に非公開で開催したこと。全校生徒108名のなか78名のうち大津波のため74名（遺族は54世帯）が犠牲になり、教師も11名のなか10名が亡くなった大惨事の説明会。それにもかかわらず、その議事録さえとっていなかったことなどを、お話くださいました。またA教諭は、今もなおドクターストップがかかっていて誰も面会できないそうです。3年9カ月もの長い間、病気によるドクターストップは、医療上ありえず極めて異常といっても過言ではないこと。また第3回から説明会場に報道を入れるかどうかを事前に保護者同士で話す際にも、教育委が前日に何人かに、やめたほうがいいですよねとの電話をかけた、というのも思慮の足らないことだと言わざるを得ないなど、お話になりました。遺族の誰もが、なぜ意思決定が遅れたのか、なぜあのような避難ルートをとったのか、その真相を聞きたいと望んでいます。それにもかかわらず、平成26年2月23日検証委員会の最終報告書。その中で事故の原因は、意思決定が遅れたため、あのような避難ルートを取ったためとされていました。答えになっていません。そう言わざるを得ません。地震発生から6分後に大津波警報が出ているにもかかわらず、少なくとも遺族の疑問に答えていません。後ろに普段から親しんでいる山への緩やかな登り口があるにもかかわらず、またスクールバスも方向転換して、子ども達を乗せるばかりに待機していたにもかかわらず、校庭での待機が続きました。

子ども達を救う条件は揃っていた。時間はあった、情報もあった、避難する手段方法もあった。にもかかわらず、校庭から動かなかった。午後2時46分に地震、その後午後3時37分に津

波。(1)避難したのは最悪の直前。(2)避難ルートは津波が来る川方向に向かった。なぜ？

この約50分の間、少なくとも直後に校庭に整列してから、その場所で長い待機時間。子ども達は先生の指示に従って、ずっと整列して次の指示を待っていた。先生たちは、防寒着を取ってくる者、焚き火の準備をする者、子供を励ます者、川を見に行く者、一生懸命だった。しかし、校庭から子どもを動かさなかった。先生の中には山に逃げたほうがいい、子どもの中にも先生ここにいたら死んでしまう山さ逃げっぺと、言った者がいたにもかかわらず。地震後51分、大津波警報後45分の間、広報車や防災無線で避難を呼びかけているにもかかわらず。ラジオで繰り返し避難を呼びかけていたにもかかわらず。校庭待機は続き、直前まで組織的な避難行動にでなかった。迎えにきた保護者が「津波が来る、逃げて」と言っている

学校は子どもを守る組織としてどうであったか、を議論すべきだと思います。マニュアルや多数決や指示待ちではなく、その時その場の状況で何が最も安全だと考えたかどうか。危機管理ができていたかどうか。誰がリーダーで采配したのか。職員同士はその非常時においてコミュニケーションがとれていたのか、またとれていたというならばどのようにとれていたのか。大切なことはたとえ児童の声でもリーダーに伝えられ、反映されたか、どうか。

そこが核であり、究明すべき中心だと思います。しかし、この場所では危ないと考えた人、より積極的に安全を考えた人は、大川小学校に避難せずあるいは留まらず、大川小学校よりさらに安全な学校には、地域の人も避難してきました。

154

石巻震災エキスプレス

場所に移動した。大川小学校に避難してきた人々は、念のため自宅から近所の学校へ避難してきた人々であって、そこからどこかへ移動するというより、ここに留まることが前提という選択者。その地域の人に意見を求めたが、それについても考慮して聞く必要もあったでしょう。事故後2年経ってからの検証委員会調査では、新たな事実はほとんどわかりませんでした。明らかな事実でさえも曖昧にされることがあり、微妙な点については、忘れられることも。

学校管理下であったにもかかわらず、たくさんの小さな命が失われた。市教委はなぜそれと真摯に向き合わないか。市教委は、その命ともっと素直に向き合ってほしい。メモは廃棄しました。担当者は交替しました。内容については、覚えていません。忘れました。知りません。メールは削除しました。現在検証中なのでお答えできません。説明修正説明修正、回答は二転三転しさらに曖昧になり、破綻し、小さな命の意味の共有からは、遠ざかるばかり。検証委員会の提言においても、事実はわからなくても提言できますと、放言とも本音とも思われる意見まで飛び出した。

必要だったのは

今まで通り、他と同じ、上からの指示、マニュアル通り、これらは決定も早いし、行動も素早い。でもそれが通用しない時、例えば想定外、例えば想定すらしていない予期せぬできごと、の

時、まさに今回の場合、ここにいてはダメだ!!と誰も言わなかった。いや、言ったが反映されなかった。言ったが強く言えなかった、言わなかった。だから反映できなかった。
その真相を究明することが、必要だったはず！
それはなぜ？
市教委も検証委員会も文科省ももしかすると、あの時の大川小学校の校庭状態では、ないか？当事者意識が希薄。事の重大さの認識が希薄。曖昧に対応していれば、そのうち収束する。そして、誰も言わない、何も決めない、肝心なことは言わない。そして、誰かやってくれるだろう。

小さな命の意味を考えよう
小さな命と向き合おう
それは、失って気づくものじゃないはず。

最初、遺族の人たちは下ばかり向いていた。どうしていいかわからないとき、市教委との対応に苦しんでいたとき、ずーと関わってくれているNPOやボランティアの人たちから、自分の子どもがここにいると思って話せばいいんだよ、そう考えればいいんだよ、と教わった。迷ったら、そうするようにしている。間違いなかった。

156

石巻震災エキスプレス

大川小学校の多数の児童が亡くなった事案の真相は、みんながわかる言葉、未来につながる言葉で綴られねばならない。地域、世代、立場を超えてそういう言葉でなければならない。

うちの娘のこと

習字が得意で、好きだった。亡くなった後、習字道具の中から、練習紙がたくさん出てきた。

「旅立ち」

その字ばかり練習していた。コンクールに提出するために。

その娘は、旅立った。

残された私たちは、娘の命の意味を考えている。残された私たちは、亡くなった人の命の意味を考えている。そのために生かされている。生かされたものの務めとして。

私は、震災当時女川中学校で、国語を教えていました。震災後の俳句学習で、ある生徒が自分の心をこんなふうに表現してくれました。

　見上げれば　がれきの上に　こいのぼり

お話を聞いて

人は誰でも、失敗しないように一生懸命努力する。しかし、時に失敗する。大きな失敗もす

る。それを見越して、失敗を減らすため、さらに人は努力する。そして、どうしていいかわからないことも少なくなるよう、いろいろと人は努力する。

しかし、それで終わってないだろうか。ノウハウ、テクニックとして。

つまり失敗したとき、どうするかという対策も考えておく必要がありそう。失敗はゼロにはできない。そのときつまり失敗したとき、どうするかという対策も考えておく必要がありそう。対策というより知恵、知恵というより智恵、智恵というより精神のベース、精神のベースは良心、相対的でなく絶対的な良心、良心というより支え、揺らぎない自分の心の支え。

精神的支柱で自分を支えていないと、犯した過ち、罪と向かい合えない。利害を超えて、裸になれない。

一方、和気藹々（あいあい）と『群れる力』と別に、群れを引っ張り『リードする力』の要件も、最終局面では、個人の精神的支柱に求めることができる。つまり、命の意味を少しでも知った者が、自らに課す命題として。日々、命から遠ざからなければ。

2015年1月11日

加藤吉晴

石巻震災エキスプレス

日本防災士会中津川市防災市民会議ニュース第6号（2015年3月1日）代表加藤吉晴（090-5454-8010）

追悼　東日本大震災

特集　宮城県石巻市立大川小学校の悲劇

大川小学校は全校生徒108名ですが、地震後の津波前に親が迎えに来るなどで、校庭に残っていたのは児童78名 うち津波で70名亡くなり、4名は行方不明、無事は4名 教師11名うち10名亡くなり、無事1名。　ここだけなぜ

私たちは、昨年12月の第30回震災支援活動のなか「小さな命の意味を考える会」代表の佐藤敏郎さんのお話を、石巻市内でお聞きしました。佐藤さんは大川小学校6年生だった娘を亡くした保護者で、当時女川中学校に勤める国語教師、その両方の立場から学校危機管理とは何かを問う貴重なお話でした。災害前後の危機管理について、皆さんにも考えやすいように、問題形式にしてみました。
自分のこととしてちょっと考えてみませんか。

あなたが大川小の先生だったら、命を守れたでしょうか？

警報が鳴り響く寒い校庭で子どもたちは危険を察知し、逃げたがっていて、それでも先生を信じて、指示をじっと待っていました。その事実から目を背けてはいけないと思います。あの日の校庭に眼を凝らすことで、何か大切なことが見えてくるはずです。悲しみは消えることがありません。でも、この悲しみはあの子達の存在そのものです。忘れる必要も乗り越える必要もなく、いつもそばに感じていていいのだと思います。あの日の校庭もそうでした。多くの人が、このままではいけないと感じています。誰かが「（津波が来る）そっちへ行くな」と声をあげ、、、　（小さな命の意味を考える会HPより）

地震発生後、大川小学校の児童はいち早く校庭に出たものの、そこでじっとしていることに不安がっていた。その待機時間の長さが、結果として多数の犠牲者を出す。大川小の児童の安全を第一に守るべきほとんどの教員が、金縛りにあったかのように、なぜ、そこから動こうとしなかったのか。なぜ。
想定以上あるいは想定してない突発的出来事にさいして、どうしたら的確な決断ができるでしょうか？
子供を守る責任は、重い。想像力を働かせて、あなただったらどうしたか、考えてみましょう。

あなたが、大川小学校の先生です
① あなたは、50分間も、なぜ校庭にいつづけたのですか。何が優先だったのですか。
② その後あなたは、児童の安全確保と考え、なぜ川に向かって避難を開始したのですか。

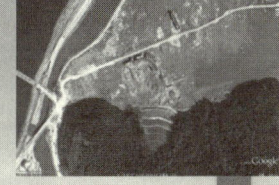

津波後の大川小周辺。子どもたちを山に避難させていれば

あなたがその当事者として考えていただくこと。それが一番、問題の核心に迫ることができるでしょう 地震や土砂災害や水害や火事のことだけでなく、生活安全や交通安全など、子供や家族の安全確保のために、上で考えたことを具体的に、活用転用していただくことが、一番の活きた防災訓練となります。そしてそれは、大川小学校の犠牲者の皆さんから、私たちへ発信されているメッセージでもあります。

6　大川小学校被災勉強会

2014年12月19日から21日に、東日本大震災支援活動してきました。
活動先は、宮城県石巻市仮設渡波(わたのは)第2団地、その他
出発に先立ち19日夕方には市民の皆さんから、たくさんの支援物資を
持ち寄っていただきました。ありがとうございました。
中津川市の協力で、市防災メールから呼びかけ、呼応した市民が自主的
に物資を持ち寄り、それを私たちが現地に運ぶと、被災市民が仕分けて
配布する、この両市民をつなぐ方式は、現地で高い評価を得ています。
昨年修学旅行でこの仮設団地を訪れた坂本中学校からもメッセージ。
中学生の暖かい思いやりの言葉を、仮設の皆さんにお届けしました。
トラックは、コメやモチや野菜など支援物資を満載して、ボランティ
アバスと並走し、石巻まで750キロを夜通し走っていきます。
20日早朝に到着後、五平もちづくりや門松づくりなど開始しました。

やはり、人と人の絆ですね。
上写真　左は石巻市民、右は中津川市民
右写真　仮設集会室で、両市民一緒です
震災からずーと、友好の輪を大切にしてきました

＜＜ニュースとご案内＞＞
＊今年は仮設住宅から復興住宅へ、または自宅再建へと、仮設に住む皆さんもいよいよ引越しが多くなる予定です。中津川市民が物資支援してきた上の写真の石巻渡波第２仮設団地ですが、その役員の皆さんが、このたび長期支援のお礼のため、４月５日中津川市を来訪されることになりました。当日は、六斎市も楽しんでいただき、市民会議ブース（新町通、郵便局近く）での市民交歓も予定。お楽しみに。
　中津川市防災市民会議は、現地現場で活動し、被災市民との交流から、各種各レベルの災害に応じた現実的防災ノウハウを、2004年中越地震の災害救援活動から現在までの間、蓄積し、提供しています。
だから、市民会議の講座講演、訓練研修、学校授業は、全てリアルです。

160

石巻震災エキスプレス

7 石巻から中津川へ、支援感謝旅行に感謝

いつもは、中津川から石巻へ。それが今回は、石巻から中津川へ。初めてのことでした。震災以来の支援活動のなかで、被災者が支援者の居住地を訪ねるなど、これまで考えたこともありませんでした。中津川から行くのが当たり前の災害ボランティア活動、震災被災地に行って活動し、被災者を応援するのが災害ボランティア団体。それが今回は、ちょっと前例のない事件、というか大異変。渡波第2仮設団地自治会役員さん一同の中津川市訪問は、中津川市民の物心両面にわたる長期支援に対して、お礼の気持ちの実現でした。震災から4年過ぎて、仮設団地住民は今年度から2年ほどかけて、いよいよ自宅再建か復興住宅への引越しか、それが本格化する節目でもあったのだと思います。ともあれ、石巻の皆さんが中津川に。

そこで本会ではさっそく、中津川でのおもてなしの準備を始めることにしました。足の安心として、石巻の皆さんをお迎えに行って、最後にお送りする。市民交流の周知や学校訪問、市役所訪問の場のセッティング。そして滞在中のお楽しみに、中津川での休暇を十二分に楽しんでいただけるように、相談し計画を立てました。石巻の皆さんと中津川の皆さんとの交流、要は同じ市民同士のおしゃべり、これをメインにおき、人と人の出会いと友愛の交歓を大切にしました。

中津川感謝旅行と銘打った御一行様は、4月4日夕刻中津川着となりました。いらっしゃいませ。お待ちしていました。お久しぶり。お元気でした？　元気です。いろいろありがとうございました。お世話になります。どういたしまして……とまずは会員宅で、心を込めて調理した手づくりの品々で歓迎歓談、中津川さくらの宴です。飲んで話して、食べて話して、笑って話して、

162

石巻震災エキスプレス

渡波第2仮設団地を代表して、中津川市と市民にお礼

話して笑って、中津川の夜は更ける。付知地区にある自慢の源泉掛け流しの温泉で、長旅の疲れを流していただいたのち、会員の経営する民宿でお泊まりいただきました。2日目は、市内中心繁華街で毎月第1日曜日開催の六斎市へ。その会場で市民会議が毎月出店する海産物の販売テントを拠点に、市民交流の場となりました。この6月、渡波第2仮設団地に修学旅行に行く苗木中学校3年生有志のおもてなしボランティアも出て、市民交流を一層盛り上げていただきました。

午後は木曽路妻籠に移動して観光。夕刻はその妻籠で土産物店の店頭に、東北海産物を置いて被災地支援を続け、ご本人も2014年12月に私たちと一緒に渡波にボランティアに行かれた方のお宅に、地元のお友達の皆さんも集まってくださり、この日も手づくり夕食歓迎会となりました。美味しい木曽、自然いっぱいの信州ならではの、手料理の数々。それに舌鼓し、話して笑って歌って、みんなの心は一つになりました。

翌日出立の朝、中津川市役所を表敬訪問し、中津川市長さんにご挨拶。渡波第2仮設団地自治会長は、震災以来今日までの長期にわたる中津川の支援に対して感謝の気持ちを、言葉をつくしてお話されました。そして、このような市民同士の絆から、市同士の絆へと発展するよう期待しま

163

6 大川小学校被災勉強会

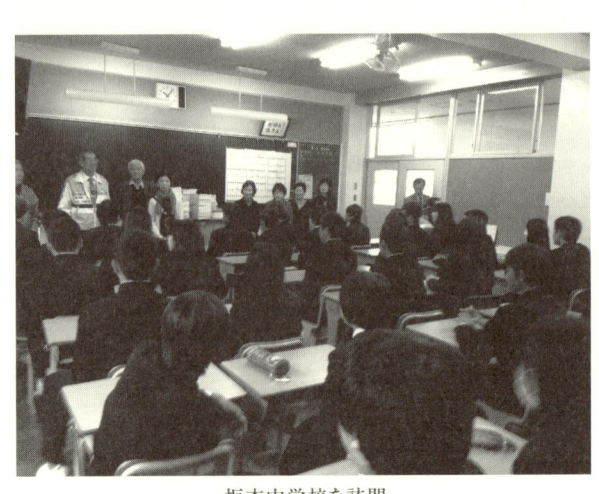

被災風景に圧倒されて、ガレキの片付けや床下の泥出しなど災害ボランティアは、肉体労働からはじまった。一日の活動が終われば、まなざしは被災者へ。たまたまの活動先、そんなご縁で結ばれた被災者と支援者。両者のあいさつは、会話へ。会話はおしゃべりへ展開。一日だけの活動でも長期支援で再び顔をあわせる機会が増えれば、単なるおしゃべりから、日常の生活を支えている「にもかかわらず生きる」被災者の生き方にタッチすることに。それは被災者の背中から

すと、メッセージされました。その後、同じく修学旅行に同団地を訪れる坂本中学校に移動して、3年生の各教室を回り、仮設団地一同、皆さんを歓迎しますと熱いメッセージを送られました。

そして早めの昼食を、これも会員が経営する麹レストランでとったのち、中津川市を後にしました。石巻到着は同日夜。道中は中津川での楽しかった2日間のお話に花が咲き、みなさんそれぞれ思い出とお土産を満載し、石巻市まで無事戻り、解散しました。

6月6〜7日には、集落支援している雄勝町船越荒地区の代表一行その他の石巻市民を中津川市にお招きする第2回中津川感謝旅行も、実施しました。

坂本中学校を訪問

164

石巻震災エキスプレス

六斎市で販売しているワカメコンブは、雄勝町船越荒地区の集落支援。地区の皆さんが中津川で初販売。

教えられて、支援者自身がいのち育くみ、感性が磨かれる者へと変遷の道。長期の継続支援は、上下関係から水平関係へ、互いが市民という意識、育つ絆、おトモダチへと、そんなこんなあんなでごく自然に。

そして、被災者が支援先の一つである中津川へ。被災者の「そうだ、中津川へ行こう！」は、被災者が普通の市民になってきた、そんな一つの元気印の太鼓判です。太鼓判は、自分は一人じゃなくて、互いに押し合うご縁判。遠く離れていても親しみを持って、互いに声かけあえる、励ましあえる、想いはつながって心の交信で支えあえる、そんな愛が芽生えてきました。

6　大川小学校被災勉強会

8 ストリートオルガンを聞いて「元気まな板基金」／若き防災リーダーの育成

ストリートオルガンが聴ける市民会議の六斎市

震災復興支援のため、東北の海産物販売や元気な板募金もやっています。

2014年12月の石巻支援活動の帰りに立ち寄った道の駅「石巻上品の郷（じょうぼんのさと）」で、会員からうれしい悲鳴が上がっていた。何かと思えば、手回しオルガンの木管の音色に酔いしれて上がった歓声だった。素直な心にしみる救いと癒しのその音色に聴き惚れて、結構長くそこから離れることができなかった。

「なに、これ」「はじめて見るね」「すごいね」「いいね」「やさしい音だよね」

後で聞けば、輸入代理店は名古屋にあり、スイス製だが現在は石巻で製作しているとのこと。そんなことで演奏者とも業者ともご縁ができ、ご縁ご縁で気が付いてみれば結局、手回しオルガン（別名ストリートオルガン）を生涯の友にすることになりました。

手回しオルガンの楽譜は、パンチされて穴の開いた厚紙。誰でもどこでもいつでも、ハンドルを回すだけで、はさんだ紙が送られて名曲の数々が流れ出る、いたってシンプルな楽器。室内でも屋外でも持ち運び自由で、木管の生の音を奏でることができます。デジタルではなく、電気仕掛けでもなく、手。あなたがハンドルの手を回したとたん、周りの空気が変わります。温かな気が流れ、やさしさに包まれます。そこに、天使が降りてきたと言っても過言ではないほど、楽園にいる気分そのもの。

168

石巻震災エキスプレス

ストリートオルガンのふるさとはヨーロッパで、楽譜の多くは、やはりシャンソンです。懐かしいシャンソンが流れれば、日本の街角はすぐにパリの街角に変身です。シャンソン以外には日本のアニメソングもあり、こちらは子ども達に大受け。その他には業者の配慮で、日本仕様の童謡や歌謡曲も若干あります。

（ストリートオルガンについての問い合わせは、トーアトレーディング 伊藤さん TEL 080-5130-0712へ）

そして毎月第一日曜日中津川の六斎市で、震災復興支援のための東北海産物販売市民会議テントで、手回しオルガンを奏で、市民の皆さんを一時楽園にご案内しています。あわせて、そこでは中津川の材でまな板をつくり、被災者に贈呈するための「元気まな板募金」も現在実施しています。加工は、中津工業高校の生徒の皆さんのボランティア活動です。みんなで震災復興支援、細くていいから長く、ですね。

169

8　ストリートオルガンを聞いて「元気まな板基金」

(呼びかけチラシ)

東日本大震災被災者の元気を祈願して「まな板」を贈る募金にご協力を

2015年4月1日

中津川市防災市民会議（代表 加藤吉晴）

＊主旨

中津川市防災市民会議は、震災以来宮城県石巻市の被災市民を応援してきました。そして現在もなお、災害ボランティア活動を継続しています。その結果、被災地で生活するみなさんとのふれあいから信頼関係も生まれ、それぞれの人生復興に耳を傾けてお聞きすることも、多くなっています。

震災直後、住まいの近くの避難所へ駆け込み、一命を取り留めることはできたとしても、住む家を失った市民はそのまま避難所となりました。その避難所での集団生活のなか各自の生活再建の模索が始まるわけですが、めどの立たない被災者は3〜6カ月の避難所生活から、抽選などで当たった仮設住宅に順次移動しました。その仮設住宅での生活は、個室ではあっても慣れ親しんだ町内の人も少ないプレハブ長屋の集合住宅生活で、夏は暑く冬は寒く結露やカビなどの悩みもある「いわゆる仮設」住宅環境でした。それでも半年もた

170

石巻震災エキスプレス

つうちに、仮設団地としての自治会活動や隣人との人間関係も徐々にできていきました。3年たつと仮設住宅から自宅を再建して戻る人も少しずつあらわれますが、無理な人は復興住宅すなわち公営災害住宅の完成を待ちます。そこへの入居で、三たび新たな住環境と新たな隣人関係がはじまりますが、ようやくにして終の住処に落ち着くこととなります。

そこで、引越しが本格化する今年度、被災者のみなさんに毎日使っていただける「まな板」を贈ることを考えました。厳しくも長い復興人生の道のりですが、元気を出して暮らしていかれるように祈願しています。とともに被災地からどんなに遠く離れていても応援しています、そんな連帯の気持ちをまな板に託したいと思いました。

＊内容
東日本大震災被災者の今後の生活を励まし、応援の気持ちをカタチにした「まな板」を手渡すために、私たち市民団体がはじめた「元気まな板募金」活動です。
募金や寄付は、中津川市内で手づくりの東濃ヒノキ製まな板にかえて、被災者の皆さんにお渡します。
目標は、まな板100枚です。ご協力のほど、お願いいたします。
振込先は、十六銀行中津川支店 普通1647877 中津川市防災市民会議代表 加藤吉晴
連絡先は、090-5454-8010または iiyykato@i.softbank.jp（加藤）

若き防災リーダーの育成

明日に向かって東海防災青年塾が、2015年発進しました。

中学生高校生のような若者を、防災リーダーに育成して、平時の防災活動の啓発や非常時の災害救援ボランティア活動が幅広くできること、そして近い将来にその核となる人材育成をめざし、会の念願であった防災塾を2015年スタートさせました。

防災リーダーとして居住地域のみならず、近隣や遠方または被災地に現場活動できるため、とりわけ東海地方での大災害を予測して備える意味から、あえて「東海」とネーミングしました。また東海は倒壊にもつながることから、家の中の安全確保のため、家具の転倒防止活動や平時での防災活動も、しっかり視野に入れています。

防災青年塾は、6カ月で10回ほどのカリキュラムを日曜日の午後に研修し、その中で防災士の資格を取得し、消防職員による普通救急救命研修も受けます。また、研修旅行として、東日本大震災の被災地の一つである石巻を訪問し、現地学習も実施。募集は、呼びかけのチラシを、市教育委員会を通して市内全中学校に配布、高校については個別に持参し、生徒の自主的応募としました。今年の第1期生は11名。みんな防災に意欲あり積極的で、将来楽しみな中津川の宝、日本の宝です。

172

石巻震災エキスプレス

市内鉱物博物館にて、地層地形を学ぶ（2015.7）

地元の皆さんと協力して作製した防災立体地域模型（2015.8）

8　ストリートオルガンを聞いて「元気まな板基金」

「チームなかつがわ」から、みなさんへ

市民・行政が協働した防災まちづくりに向けて

加藤晴郎（中津川市防災市民会議副代表）

私が中津川市の助役に就任し、1カ月が経とうとした平成16年10月23日、土曜日のことでした。新潟県中越地方の長岡市・小千谷市・山古志村地域を震度7の直下型地震発生のニュースが目に入ってきました。翌朝には、ヘリコプターからのテレビ中継によって被害の全容が次々と飛び込んできました。この映像で、山古志村地区の大規模な地滑り災害現場を見た時、同じ中山間地域である中津川市の地形や景色にオーバーラップをしてしまいました。

25日の月曜日には早速、市民有志からの支援物資の提供や義捐金をはじめ、現地ボランティアの希望が担当課に届けられ、さらに中津川市商工会議所と青年会議所から支援の言葉をいただいたことから大山市長と協議し、支援活動の推進と統括の指示を受け、行政と各団体・市民等と協働して救援活動を行う「仮称中津川市救援市民会議」を発足しました。この組織には市議会、広報会自主防災会、社会福祉協議会、建設協会等に市民有志を加えて10団体で連携し、その目的として①支援物資・義捐金を市民に仰ぎ被災地に届ける②被災地でのボランティア活動③長岡市および小千谷市の被災状況を視察し、災害ボランティアセンターの設置・運営等を学ぶ、を主とし、加えて『市民の皆さんの防災意識の高揚と災害に強いまちづくり人づくり、そして互助活動

の意義を高め感じてもらう』こうした意義と啓発を目指して、官民一体となった迅速な行動となりました。

この取り組みに対して広く市民の協力を得るため、10月30日と11月5日に支援物資募集と災害ボランティア募集の内容を杉山防災対策課長と協議し、チラシ1万9000部を作成し新聞全紙に折り込みを行いました。その当日、市役所正面で受付を開始したところ、次々と市民の皆様から救援物資が届けられ、温かい善意の広がりに驚くと同時にボランティア登録を終えた方達が、そのまま支援物資の仕分け作業に取り組んでもらうなど、感謝の気持ちで胸が熱くなったのを今でも覚えております。この結果、2日間でボランティアに約350人が参加され、1450名の皆様から毛布、衣類、タオル、バケツ等3万点余の提供をいただき、岐阜県トラック協会のご協力を得て被災地の長岡市へはこぶことができました。この支援活動によって市民ボランティア組織の結成へと繋がり、災害発生時には被災地域のために労力、知識、技能を提供し、復旧支援活動を行う「中津川市救援市民会議」の組織体制がまとまり平成17年1月に発足し、中津川市における「ボランティア活動元年」になりました。今後起こりうる地震災害や自然災害において、発生時に市役所と市民とで協働した対策や対応に向けて、各団体とのネットワークを構築する足掛かりとなったことは大変有意義な救援活動であって、現在、その成果として中津川市に防災ボランティアが根付いております。

その後、私も公職を離れて一市民となり、縁あって平成22年名称変更した「中津川市防災市民会議」に加入し、ボランティアの一員として災害に強いまちづくり、ひとづくりの目的に向け、

177

「チームなかつがわ」から、みなさんへ

平成17年の市町村合併で広くなった市域の地域住民を対象に「家具転倒防止研修会」の実施等に参加させてもらっていました。

こんな折、平成23年3月11日思いも因らない未曾有の「東日本大震災」が発生、刻々と伝えられる津波のすさまじい映像に目を疑い唖然としながらも、住民の無事を祈るばかりでした。さらに関連した福島第一原子力発電所放射能漏れ事故の報道に、目に見えない放射能の恐怖と先行きに背筋が凍るような不安を感じさせられました。

この甚大な震災発生以後、東北地方との通信網が途絶し情報が入らなくなっているこの時、市内加子母地区に合板工場の建設に向けて、石巻市より10名近い従業員が4月の稼働を目指して働いており、家族の安否確認が全くできない状態でした。そこで翌12日の夕方、石巻市へ市職員が被災状況調査と共に今後の支援内容等の情報を得るため、緊急支援物資を持って出発するのに、加藤吉晴代表と一緒に同行しました。新潟経由で入った高速自動車道を走れるのは緊急車両のみで、街路灯も消え真っ暗な道路から見える満天の星と、自身で傷んだ路面段差の衝撃がとても印象的でした。仙台市街地に近づいても灯りがまったく見えず事の重大さを実感し、高速を下りて、冷え込んだ明け方近くにエンジンを止めてガソリンスタンドに給油待ちする長い車列を横目にして到着した石巻市街地は真っ暗にして真っ暗な道路から返り、夜が明け見えてきたのは内陸3〜4キロまで押し寄せた海水に浸かっている住宅や、港から流れ着いた材木を眺めて、今更ながら津波威力の膨大さに愕然としました。目的の市庁舎は海岸に近く津波の直撃を受けており、急遽災害対策本部となった「石巻赤十字病院」に物資を届け、被災状況を聴取して帰郷しました。この時が石巻

178

石巻震災エキスプレス

市への支援活動の始まりでした。

以後、災害救援活動にあたって過去に培われた行政との連携によって、市の防災メールによる救援募金のお願いと共にボランティアの募集を行い、数多くの市民が応募くださり現地で泥出し作業やガレキ撤去の活動をいただきました。第一期活動の直後、石巻市でのボランティア拠点であった中津川市のエアーテントが強風で飛ばされ破損したことから、泥出し作業を行った避難所「湊小学校」の校舎1階教室を使用させてもらい、拠点としてその後の救援活動を行いました。

また夏休みには親子ボランティアを募集し、活動と同時に津波被害を子どもたちの記憶に残してもらい、将来、震災の語り部となってもらいたいとの願いで開催しました。こうしたご縁によって、参加者と避難所の住民との会話や交流が始まったことから、住民のつらい被災の体験を参加者や親子にも聞いてもらう事が出来ました。

震災後一年が経過し、泥出しや家財の片付け作業等が一段落した頃、緊急整備された被災者住宅に移る方も増え避難所が閉鎖された2年目からは、在宅避難者宅並びに被災者住宅団地の皆様方への支援に変更し、こうした活動を継続して展開することで支援の輪が広がり、被災住民と防災市民会議との絆も深まっております。震災から3年目を迎え、この間に活動された多くの市民ボランティアの実績は、当市で発生する災害への備えと、発生時の対応に向け大きな資産となったと確信しております。今なお市の防災メールの発信と共に「チーム中津川」として被災地支援くださる中津川市民の心の温かさを感じながら、市民と共に、数多くの支援物資を届けてと地域の防災力を高めるため、これからも活動を推進していきたいと考えております。

179

「チームなかつがわ」から、みなさんへ

東日本大震災　災害支援および地域防災活動記録（2011.3.11〜）

中津川市防災市民会議

<u>＜2011年＞</u>
<u>現地情報収集および調整の活動</u>（2011年3月11日東日本大震災発生）
　3月12〜14日　市長要請で、市幹部と石巻市先遣調査（1）（会員2名）
　3月17〜20日　再度先遣、石巻市社協よりボラ派遣要請（2）（会員2名）

災害救援活動　連続救援態勢
第1期（石巻市湊小学校避難所内外のドロ出しやガレキの片付け）
　　1次　3月24〜27日（通算3回）　　　　　　（会員＋市民16名）
　　2次　3月26〜29日（4）　　　　　　　　　（会員＋市民14名）
　　3次　3月28〜31日（5）　　　　　　　　　（会員＋市民 9名）
　　4次　3月30〜 2日（6）　　　　　　　　　（会員＋市民15名）
　　5次　4月 1〜 4日（7）　　　　　　　　　（会員＋市民13名）
　　6次　4月 3〜 6日（8）　　　　　　　　　（会員＋市民12名）
　　　　　　　　　　　　　　ボランティアの小計　83名

<u>現地情報収集および調整の活動</u>
　4月13〜14日　石巻市湊地区の状況調査と打ち合わせ（9）　（会員1名）

災害復旧活動　毎月支援態勢①
（湊小学校周辺地域のドロ出し・ガレキの片付け、市民持ち寄り食糧支援物資の収集開始、運搬と配布）
<u>第2期</u>　5月 5〜 8日（10）　　　　　　　　（会員＋市民70名）
<u>第3期</u>　6月16〜19日（11）　　　　　　　　（会員＋市民46名）
<u>第4期</u>　7月14〜17日（12）　　　　　　　　（会員＋市民74名）
<u>第5期</u>　8月18〜21日（13）　親子参加スタート　（会員＋市民58名）
　　　　　　　　　　　　　　ボランティアの小計　332名
＊7月2日　チャリティ映画「Tsunami」上映（東みのふれあいセンター）
　　　　　収益金を、湊小学校へ贈呈
<u>現地情報収集および調整の活動</u>
10月22日　石巻市湊地区の状況調査と打ち合わせ（14）　　（会員1名）

石巻震災エキスプレス

11月13日　　同上　　　　　　　　　　　　　　　　（15）　　　（会員1名）
被災者支援活動 毎月支援態勢②
（市民持ち寄り食糧物資の運搬と配布、五平もち炊き出し）
第6期　12月23 ～ 25日（16）湊地区　　　　　　　　　　　　　（会員6名）

＜2012年＞
第7期　1月21 ～ 23日（17）湊地区　　　　　　　　　　　　　　（会員9名）
第8期　2月11 ～ 13日（18）湊＋渡波第2仮設　　　　　　　　　（会員20名）
第9期　3月 8 ～ 11日（19）湊＋渡波第2仮設　　　　　　　　　（会員29名）
　　　　　震災1周年記念行事参加　（湊小学校体育館）
　　　　　　　　　　　　　　　ここまでのボランティアの小計　398名
被災児童トモダチ活動（こども支援募金活動）
＊3月9日　462,456円　中津川市民参加募金
　　　　　　湊小学校、湊第2小学校卒業式に辞典募金贈呈

被災者トモダチ活動 年3回支援態勢（夏休み、冬休み、春休み）
（市民持ち寄り食糧支援物資の運搬と配布、交流、その他）
＊8月19日　竹トモプロジェクト
　　　　　市民参加で、竹切出し（恵那山みどりの会協力、30名で240本伐採）
第10期　8月21 ～ 23日（20）竹トモ（中津川の竹を石巻に運び、養殖支援）
　　　　　活動先　湊＋渡波第2仮設＋万石浦ノリカキ養殖施設
　　　　　　　　　　（会員＋市民18名、うち小学生5名参加）
＊9月2日　海トモプロジェクト
　　　　　海産物販売開始（毎月第1日曜日に中津川市六斎市会場で）
　　　　　雄勝町荒地区復興支援のワカメ・コンブの仕入れと販売
＊10月1日　花トモプロジェクト①
第11期　12月21 ～ 23日（21）花トモ　被災地に花を！（春の花）
　　　　　被災地に球根贈るプロジェクト参加市民500名
　　　　　活動先　湊＋渡波第2仮設＋雄勝町荒地区
　　　　　　　　　　　　　　　　　　　　　　（会員＋市民16名参加）

＜2013年＞
＊1月9日　NHKラジオ全国放送「昼のいこい」で、市民会議「なかつがわ
　　　　　花トモプロジェクト」の紹介
現地情報収集および調整の活動
2月6～8日　　湊＋渡波第2仮設＋雄勝町荒地区　（22）　　　　　（会員1名）
＊3月10日　　震災2周年中津川追悼イベント　　　　　　　（115名参加）
　　　　　　映画「石巻市立湊小学校避難所」上映（サラダコスモ会議室にて）
　　　　　　　　震災2周年　　ここまでのボランティアの小計　　463名

第12期　3月29～31日（23）花トモ　被災地に花を！第2弾（夏の花）
　　　　　　　　被災地に球根贈るプロジェクト参加市民400名
　　　　　　　　雄勝町荒地区のワカメ加工場で、お手伝い
　　　　　　　　　活動先　湊＋渡波第2仮設＋雄勝町荒地区
　　　　　　　　（会員＋市民22名、うち大学生1名、小学生5名参加）
＊5月14日　　坂本中学校2年生3年生（300名）に、防災いのちの授業
＊5月24日　　南小学校5年生（60名）に、防災いのちの授業
＊5月28日　　石巻市湊小学校前校長佐々木丈二先生、中津川市へお招き
　　　　　　28日第一中学校、29日坂本中学校で防災講演会
第13期　6月3～5日（24）坂本中学校被災地修学旅行（133名）のコーディ
　　　　　　　　ネートおよび支援活動　　　　　　　　　　（会員6名）
第14期　8月2～4日（25）花トモ　被災地に花を！（秋の花）プラス堆肥
　　　　　　　　　活動先　湊＋渡波第2仮設＋雄勝町荒地区
　　　　　　　　（会員＋市民19名、うち高校生3名、中学生2名）
＊9月1日　　防災訓練講師（苗木上地区にて）
＊11月8日　　落合小学校防災いのちの授業
＊11月24日　 落合12号区防災訓練コーディネートと家具転倒防止実践活動
＊12月6日　　南小学校防災いのちの授業（PTA対象）
第15期　12月20～23日（26）カキがらリサイクルのため、海から山へ
　　　　　　　　　活動先　渡波第2仮設＋雄勝町荒地区
　　　　　　　　　　　　（会員13＋特別参加1の14名）
　　　　　　　　　　　　ここまでの小計　　502名

＜2014年＞
＊2月16日市防災士養成講座で防災講演
<u>現地情報収集および調整の活動</u>
　3月　副代表他2名（27）　　　　　　　　　　　　　　（会員＋市民2名）
<u>第16期</u>　4月4〜6日（28）　　　　　　　　　　　　　　　　　（会員9名）
　　　　　　　　　花トモ　ツツジ苗木400本と堆肥贈呈
　　　　　　　　　竹支援（会員6名＋坂下ウオーキングの会12名）
　　　　　　　　　活動先　湊＋渡波＋雄勝町荒地区
＊7月9日　長野県南木曽水害　調査と救援活動
＊8月20日　広島県広島市水害　現地調査活動
＊8月21日　岐阜県高山市水害　調査と救援活動
＊11月22日　長野県白馬村神城地震　調査と救援活動
<u>現地情報収集および調整の活動</u>
　9月15日　湊＋渡波第2仮設＋雄勝町荒地区（29）　　　　　（会員1名）
<u>第17期</u>　12月19〜21日（30）　　　　　　　　　　　（会員8名＋市民7名）
　　　　　活動先　同上

＜2015年＞
<u>現地情報収集および調整の活動</u>
　3月15日　湊＋渡波第2仮設＋雄勝町荒地区（31）　　　　　（会員1名）
＊5月　ネパール地震募金活動
<u>石巻市民、中津川市へ支援感謝旅行</u>
長期にわたる支援に感謝のため、中津川市を訪問
　　　4月4〜6日　渡波第2仮設団地自治会役員一行　9名
　　　　　（5日　市民交流　6日　市役所表敬訪問）（元気まな板贈呈）
　　　　　　迎え（32）　　　　　　　　　　　　　　　　　（会員1名）
　　　　　　送り（33）　　　　　　　　　　　　　　　　　（会員1名）
　　　6月5〜7日　雄勝町船越荒地区住民、湊地区住民6名
　　　　　（6日　市民交流　7日　市役所表敬訪問）（元気まな板贈呈）
　　　　　　迎え（34）　　　　　　　　　　　　　　　　　（会員1名）
　　　　　　送り（35）　　　　　　　　　　　　　　　　　（会員1名）

活動報告

＊5月25日　小地域防災立来模型製作による防災啓発事業提案が、
　　　　　平成27年度中津川市がんばる地域サポート事業協働部門に採択
　　　　　（8月30日、モデル地区となった落合12号区防災訓練で模型を使った防災啓発）
　　　　　（2016年1月31日、全戸が地すべり危険地区である同12号区3班常会でも詳細説明）
＊6月28日　東海防災青年塾開塾（第1期生　11名）
　　　　　（中高生のための防災リーダー養成講座、防災士資格取得）
　　　　　（2015年6月〜16年1月の期間、毎月の研修と実践活動）
＊市内小中学校で、石巻雄勝小学生女川中学生作の震災俳句による
　「防災いのちの授業」の提供
＊9月13日　栃木県日光市水害　救援物資運搬と調査活動
＊9月20〜21日　栃木県鹿沼市水害　調査と救援活動
＊10月25日　市防災士養成講座で防災講演

現地情報収集および調整の活動
　　　12月6日　活動先　湊＋渡波第2仮設＋雄勝町荒地区＋石巻市役所（36）
　　　　　　　　　　　　　　　　　　　　　　　　（会員1名）

第18期
　　12月18〜20日　活動先　湊＋渡波第2仮設＋雄勝町荒地区（37）
　　　　　　　　　　　　　　　　　　　　　（会員13名＋市民4名）
　　　　　　（中津川工業高校製　元気まな板を渡波第2仮設住民に贈呈）
　　　　　　（東海防災青年塾研修旅行を兼ね、震災研修プログラム構成）

＜2016年＞
　1月17日　東海防災青年塾1期生11名修了式
　1月26日　中津川市防災市民会議は、NPO法人チームみらい中津川市防災市民会議として、岐阜県より認証される

おわりに

　震災から5年を迎えようとしています。これまで多くの方のご支援をいただき、感謝とともに、心からのお礼を申し上げます。中山間地に位置する小さな地方都市の小さな団体である「中津川市防災市民会議」も、震災以来他市のボランティア団体と歩調を合わせて、全力を挙げて支援してきたつもりですが、多くの中津川市民皆様のご協力がなかったのなら、会だけではこのようなことは到底できませんでした。心から御礼申し上げます。そして活動しながら、ただただ現場で活動しながら、その現場で人と交流するうちに、自ずとすすむべき行動指針が与えられ、道ができ、このようなカタチができ上がってきたにすぎません。災害直後から現場の情報を収集することは、何より大切なことは言うに及びませんが、その後の速やかな決断、迅速な活動は、大きな災害に対して、今後ますます重要となってくると思います。そして継続支援は、力がないとできません。その力を、「中津川市防災市民会議」は市と市民が一体となった支援方式の中から創出し、状況に応じて柔軟に対応し、調整してきました。今は事務局を市は下ろしましたが、「市民会議」の長期の活動の実績と信頼により、今も市防災メールで市民への呼びかけ協力をしていただいています。市民団体には荷が重く、何より難しい継続支援ですが、継続支援は人間を内面から支え、被災者支援者を問わず、互いの希望と絆の礎をつくる力となります。市民とともにつくりあげていく企画が継続力をも支え、そのいくつかを紹介させていただきました。

たとえ一災害ボランティア団体であっても、行政との種々な連携の他に、自分たちの住む町の各種企業・組合・団体と連携し協力関係をつくっておくことや、自分たちが住んでいる町の人々や既存の諸団体が参加できる支援方法や内容を組み立て、広範囲に連携することが、繰り返しになりますが継続支援のカタチを持続する上でカギになると思います。震災に対して市民会議は、被災者支援、人間支援その一点でつながり、やるべきことをやってきたに過ぎません。災害ボランティアから人が育ち、支援継続活動そのものが「困っている人がいるとほっとけない」気持ちの実践継続につながり、自ずと本人の防災啓発の意識形成につながっていく結果となれば、本当にありがたいです。そのベースとして本会が実際に取り組んできた継続的で効果的と思われるいくつかの支援方法をご紹介しました。

具体的には物資支援の代表はコメや野菜ですが、自分でつくったものを持ち寄り、それを被災地に運び被災者に手渡す。自分は行けなくとも、行かなくとも、自分の代わりに、コメやや野菜たちが被災者を励まします。

〈防災は想像力です。想像力は防災を伸ばします。〉

そのためには現場に立つ。被災者の報道を観る。被災地の写真を見る。被災を綴った文を読む。それが想像力の助けになります。

〈防災は福祉を伸ばします。〉

防災活動の一つの柱は家庭の安全対策で、災害後の活動の柱は、とりわけ高齢者の安全確保と

186

石巻震災エキスプレス

心身の健康管理です。従って、防災をすすめることは、福祉を考えることになります。

〈防災は感性を伸ばします〉

困っている人がいるとほっておけない感性を育てます。それがジャンルを超えてボランティアの原点だと思います。

〈そして、防災は愛を伸ばします〉

「市民会議」では、現場を重視していますが、それは現場を知っていることで思い上がることではありません。現場を知って、より悲しさを共有させていただくことに他なりません。今日も、亡くなった方々の冥福を祈りつつ、亡くなった人々の理不尽な死、不条理な死を心に秘め、その無念を使命感にかえて、今後とも皆さんと手を取り合って役に立つ防災すなわち「使える防災の市民活動」を、ご縁に感謝しつつ、楽しく地道にすすめていきます。

人を幸せにし、自分を幸せにできる安全活動は、危険予知や危険回避など危機管理の分野に属し、これまで生きてきた長い人生の道のりの中で、培ってきた教訓をベースに、各種幅広い展開のできるまさに中高年に最適な、ボランティア活動と言えます。長い夕映えのときをひときわ輝かせるきっかけとなる災害安全ボランティア活動も、私たち熟年が青年となって、人間貢献できる絶好の愛の讃歌だと、思います。

最後に、災害ボランティアに参加した延べ500人以上の中津川市民、花トモプロジェクトに参加したのは延べ900人以上の市民。そして救援物資の提供者は延べ5000人以上の市民。協力応援団体は、市の外には中津川市商工会議所、重機隊としての皆様に重ねて御礼申し上げます。

おわりに

て参加した中津川建設業協会の皆さん。中津高校、中津工業高校、恵那高校、第一中学校、坂本中学校、東小学校、南小学校、付知南小学校、坂本小学校、杉の子幼稚園、坂下保育園はじめ市内各保育園幼稚園小中学校、中津川市社会福祉協議会、中津川女性防火クラブ連合会、木曽官材市売協同組合、加子母森の合板協同組合、農業小学校、NPO法人恵那山みどりの会、NPO法人FCジーベック、坂下ウォーキングの会、山口黎明太鼓チーム、フォークグループ付知土着民、福岡女性ネットワーク、中津川恵那着付けサークル、苗木みそづくりグループ。山口木曽ごへー本舗、スーパースマイル、サラダコスモ、メグリーン、中津川種苗、山崎パン、七つ平高原オーガニック野菜グループ、北村あんこ店、中央物産、共栄プロパン、トキワ、東京優芳園、東海バイオ、化粧品店ひかりや、北恵那交通、木曽路物産、はんこピット、勝野鉄工所、金森新聞店、井戸商店、愛知県内では株式会社遊都、自然派クラブmamas、世界の山ちゃん、その他。そして、たくさんの個人支援者の皆さん。全ての皆さんの協力に感謝します。

この本を書くにあたり、これまで苦楽を共にしてきた「市民会議」のメンバーに深く感謝します。また途中から「市民会議」を割り、新たな会を起こした旧メンバー、そして被災地に派遣したボランティアの中から新たに立ち上がったグループのメンバーにも感謝したい。

また行政の方針転換から、結果的には発足から9年後の2013年7月、事務局を市役所防災安全課から、現在の会長宅に置くことになったが、長い間お世話になった担当課に感謝したい。

私の診療所の患者の理解と協力もとても大きく、私の被災地支援活動を暖かく支えてくれたことに、心から感謝したい。そのなかで、自分の手作りの漬け物キムチを私が現地に行くのにあわ

188

石巻震災エキスプレス

せて、個人用にと100個以上の小袋に一つ一つ分けて、そのつど提供して下さった方がみえます。その誠意、その手間には、感謝とともに心から御礼を言いたい。
そして妻と3人の子供たちの協力がなければ、ボランティア活動を続けることは到底できず、家族の支えに最大限の感謝をしたい。

私自身、2012年の胃ガン手術のあと、転移進行ガンのレベル3aとなりましたがなお、開業医として歯科診療活動、ボランティアとして防災と災害支援活動を今も止めないのは、いのち長くなくともいのちのある限り使命に生きよ、と背骨をつくり、立てている我が信仰の力と、笑ってながめていただければ、ありがたい。

おわりに

［編者略歴］

加藤 吉晴（かとう・よしはる）

1952 年（昭和 27 年）愛知県瀬戸市生まれ
1977 年　愛知学院大学歯学部卒業　歯科医師
1983 年　名古屋市中区正木にて開業
1989 年　自由診療医となり、専門のかみあわせ治療を中心に責任治療医として、現在にいたる
1998 年　住居を、岐阜県中津川市に移す
NPO 法人チームみらい中津川市防災市民会議代表
防災士、応急手当普及員
NPO 法人日本防災士会会員
認定 NPO 法人レスキューストックヤード会員
岐阜県安全安心まちづくりリーダー
社会福祉協議会災害ボランティアコーディネーター
所属学会　各種歯科学会のほかに、日本安全教育学会、子ども安全学会、日本自然災害学会、日本災害情報学会、水難学会、その他

連絡先　email iiyykato@i.softbank.jp

石巻震災エキスプレス　誰でも災害ボランティア

2016 年 3 月 11 日　第 1 刷発行　　（定価はカバーに表示してあります）

編　者　　加藤　吉晴
発行者　　山口　章

発行所　　名古屋市中区上前津 2-9-14　久野ビル　　風媒社
　　　　　振替 00880-5-5616 電話 052-331-0008
　　　　　http://www.fubaisha.com/

＊印刷・製本／モリモト印刷　　　乱丁本・落丁本はお取り替えいたします。
ISBN978-4-8331-5302-7